JN233220

空間演出

Visiting Architectural Spaces of The World

世界の建築・都市デザイン

日本建築学会[編]

井上書院

はじめに

　本書は，一昨年に刊行された『空間体験 – 世界の建築・都市デザイン』(日本建築学会編，井上書院刊)の姉妹編である。

　同書は，92の建築・都市空間について，執筆者の空間体験から，空間の魅力について，建築や都市を勉強されている初学者はもとより，空間に興味をもたれている一般の読者の方々にもわかりやすく，空間の見どころをビジュアルに解説した啓蒙書である。また，「空間の魅力とは何か」という始原的かつ永遠のテーマに直截に関連した空間論・場所論の専門書でもある。実際の空間が醸し出す多様で豊かな情報のもつ意味を改めて再認識する契機を示した点で，多くの方々に好評をいただいた。

　この特徴を引き継ぎ，本書では，新たに空間の原型あるいは典型と考えられる建築・都市空間76例について，「空間演出」という視点を加え，巧みな演出の方法を解読することによって，生き生きとした空間の有り様や空間の魅力を紐解いたものである。これらの演出方法の中に，現代の空間計画・デザインに通ずる多くの示唆を与えてくれるものを見出すことができる。新たな世紀に向け，今後の計画への発想の一助となれば望外の幸いである。

　なお本書は，日本建築学会建築計画委員会の中に設置されている，空間研究小委員会により編まれたものである。当小委員会では，設立後15年間にわたり行われた調査や分析の方法，ならびに空間のもつ固有性や特性についての40数回にも及ぶシンポジウムや研究会での議論などの活動の成果として，1987年『建築・都市計画のための調査・分析方法』，1990年『建築・都市計画のための空間学』，1992年『建築・都市計画のためのモデル分析の手法』，1996年『建築・都市計画のための空間学事典』，さらに上述の1998年『空間体験』(いずれも井上書院刊)の5冊が出版されている。

　前4冊は，おもに建築や都市空間の研究を進めていくうえでの有用な調査・分析方法や用語について，具体的な研究事例を挙げて平易に解説したものである。併わせてご一読いただければ幸いである。

　本書の編纂に当たっては，小委員会メンバー以外にも多くの先生方から貴重な原稿を賜わった。改めて本書の編集にご尽力いただいた出版ワーキング・グループの主査福井通先生ならびに編集委員の方々，ご執筆や写真の提供を快く引き受けていただいた方々に深くお礼申し上げる。

2000年11月　空間研究小委員会主査　　積田　洋

本書の特徴と構成

　本書の最も大きな特徴は，空間の魅力を「空間演出」の視点で解説した点にある。対象空間がもつ空間の魅力を，空間演出という視点で見るといかにうまく演出されているかが読み取ることができる。デザインの演出方法的な視点での解説が，姉妹編である『空間体験』に加えられた本書の新たな特徴である。

　全体の構成は，目次に見るように12章である。各章には5〜8の記述対象となる項目があり，総数は76項目となった。一つの項目は3ページ構成とし，そのうち約2ページ分はビジュアルな図版である。残りの1ページは解説文のほかに，各項目の概要を示す簡単なプロフィールを付した。また，執筆者一覧と目次のあとに，記述対象の位置を略図上にプロットし，巻末には空間記述のキーワードを整理し索引とした。こうした構成は，表紙のデザインを含め『空間体験』の構成と共通のイメージが保持されるよう意図した。

　写真は原則として，執筆者自身により撮影され選択されている。執筆者が対象空間をどのような眼で見ているか，写真のアングル等に自然にあらわれ興味深い。なお，提供写真はキャプションの後に提供者名を記した。また，各項目の執筆者名は目次の他に解説文の文末にも記した。

　編集は，まず出版ワーキング・グループの委員会で記述対象となる空間を抽出した。国内・外，建築・都市，屋内・外，新・旧等を問わずに俎上にあげ，類似空間の重複を避け，全体のバランスを意識し検討した。空間に魅力があることが大前提だが，こうして抽出された空間は多様で多岐にわたる。

　次に，これらの対象空間をどのような視座でストーリーづけ，構成すべきかが議論された。このとき，参考となったのが『空間体験』を刊行後，同書に記述された空間の魅力をめぐって行われたシンポジウムのために作成された資料であった（「空間の魅力とは何か — キーワードでとらえる空間の魅力」空間研究小委員会主催・第42回研究会，1999. 5. 東京，1999. 6. 大阪）。

　この資料は，研究会のワーキング・グループが『空間体験』に記述された空間記述に関するキーワードを抽出整理したものである。約8,000語を抽出し，数段階の整理過程を経て主要語を約600語・13カテゴリーに分類している。この中に，空間演出に関連するキーワード群が約160語に整理されている。

　本書の目次は，これらの空間演出に関するキーワード群と，先に抽出した記述対象

となる空間群とを，いかなるストーリーで関連づけ得るかの議論の中で生まれた。詳細は省くが，結果は目次に見るように12の演出的キーワードで記述対象となる空間をグルーピングした。この作業は，各章の項目数のバランスを考慮し，編集委員会で案をつくり，空間研究小委員会でも検討するプロセスを経て，最終的に現在の章立てと項目群となった。

　魅力ある空間は多義的である。したがって，さまざまなストーリーで語り得る。近代合理主義のシンプルな空間でさえ，純化されると詩のような空間となり，複数のテーマで語り得る。この意味で章立ては，抽出された対象空間を演出的視点で解説する際の枠組の役割を果たすもので，「はじめに空間ありき」が本書の出発点である。

　各章には編集担当者がいて，章内および全体との関係をコーディネートいただいた。各章の扉には簡単な解説文を付したが，この解説文は章の担当者が執筆した。担当者名は解説の文末に記されている。

　なお，章末の4箇所に，空間演出に付きものである形態要素の一部を載せた。「看板・サイン」「ゲート・門」「窓・開口」「階段・スロープ」の4事例である。これは，本シリーズが『空間体験』『空間演出』『空間要素(仮)』の3部作となる可能性を示している。

　　　　　2000年11月　空間研究小委員会　出版ワーキング・グループ主査　　福井　通

執筆者一覧

[編集委員]

積田　洋*	東京電機大学工学部建築学科助教授	空間研究小委員会主査
福井　通*	神奈川大学工学部建築学科助手	同小委員会出版ワーキング・グループ主査
日色真帆*	愛知淑徳大学現代社会学部現代社会学科助教授	同小委員会出版ワーキング・グループ幹事
土肥博至	神戸芸術工科大学芸術工学部環境デザイン学科教授	同小委員会出版ワーキング・グループ委員
安原治機	工学院大学建築都市デザイン学科教授	同小委員会出版ワーキング・グループ委員
柳田　武*	日本大学理工学部建築学科講師	同小委員会出版ワーキング・グループ委員
大佛俊泰*	東京工業大学大学院情報理工学研究科助教授	同小委員会出版ワーキング・グループ委員
鈴木信弘*	鈴木アトリエ一級建築士事務所代表	同小委員会出版ワーキング・グループ委員
金子友美	昭和女子大学生活科学部生活環境学科講師	同小委員会出版ワーキング・グループ委員

[執筆者]

浦部智義	東京電機大学工学部建築学科非常勤講師，日本学術振興会特別研究員		土肥博至	前出
			冨井正憲	神奈川大学工学部建築学科助手，東京大学生産技術研究所・協力研究員
大野隆造*	東京工業大学大学院総合理工学研究科教授			
大佛俊泰*	前出		長澤夏子	早稲田大学理工学部建築学科助手
金子友美*	前出		橋本都子*	千葉工業大学工学部工業デザイン学科助教授
小林茂雄	武蔵工業大学工学部建築学科講師		林田和人	武蔵野女子大学短期大学部生活創造デザイン学科助教授
小林美紀**	自治省消防庁消防研究所・科学技術特別研究員			
			日色真帆*	前出
齊木崇人	神戸芸術工科大学芸術工学部環境デザイン学科教授		日高健一郎	筑波大学芸術学系教授
			福井　通*	前出
佐野友紀*	名古屋市立大学芸術工学部生活環境デザイン学科助手		藤森照信	東京大学生産技術研究所教授
			船越　徹	東京電機大学工学部建築学科教授，㈱アルコム代表
鈴木信弘*	前出			
関戸洋子**	東京大学大学院工学系研究科建築学専攻博士課程，日本学術振興会特別研究員		松本直司*	名古屋工業大学工学部社会開発工学科建築系教授
津田良樹	神奈川大学工学部建築学科助手		三浦金作	日本大学工学部建築学科助教授
恒松良純**	東京電機大学大学院工学研究科建築学専攻博士課程		安原治機	前出
			柳田　武*	前出
積田　洋*	前出		横田隆司	大阪大学大学院工学研究科建築工学専攻助教授
土肥博至	前出			

(執筆者は50音順)
＊印は空間研究小委員会委員
＊＊印は空間研究小委員会シンポジウムワーキング・グループ委員

CONTENTS

1 対称／シンメトリー
- ヴェルサイユ宮殿　壮大なシンメトリー空間　　大佛俊泰　2
- ハギア・ソフィア大聖堂　空間創造の奇跡として1400年以上の歴史を生き抜く大空間　日高健一郎　5
- 天壇　あくまで貫通する中央軸線　　津田良樹　8
- ドゥカーレ広場　軸線と装置によって創り出された広場　　金子友美　11
- ストックホルム市立図書館　本の背がつくる円筒形　　日色真帆　14

2 対比／コントラスト
- パガンの仏塔群　大地に林立する象徴空間　　関戸洋子　18
- 上賀茂神社　色の対比が創る緊張のシークエンス　　積田洋　21
- パシュパティナート　自然の谷間に構築された聖域　　福井通　24
- ピティリアーノの山岳都市　樹海に浮かぶ要塞　　金子友美　27
- ラ・トゥーレット修道院　明と暗が織りなす瞑想空間　　柳田武　30
- 香港　違いの競い合い　　日色真帆　33
- シンガポール・イルミネーション　季節を彩る光の祝祭性　　小林茂雄　36

3 連続／リズム
- ベルン旧市街　重厚な柱列が綴る歴史の街並み　　土肥博至　40
- アルマグロのマヨール広場　緑色のファサードに囲まれた広場　　金子友美　43
- 吹屋　朱に彩られた街並み　　恒松良純　46
- 吉備津神社　どこまでも続く長い回廊　　安原治機　49
- ポンテ・ヴェッキオ　街をつなぐ橋上の空間　　三浦金作　52
- グッゲンハイム美術館　螺旋の鑑賞空間　　松木直司　55
- バルセロナ・パビリオン　優雅に流動する空間　　安原治機　58

4 転換／コンバート
- 黒川能　祭りに結晶するコスモロジー　　土肥博至　62
- グローブ座　舞台と観客が一体となってつくる演劇の空間　　浦部智義　65
- マラケシュのジャマ・エル・フナ広場　色と音と臭いと埃のアラベスク　　日色真帆　68
- シニョリーア広場　多様なシーンが演出された外部空間　　三浦金作　71
- スペイン階段　意表をつく演出の階段広場　　佐野友紀　74
- ヴィラ・デステ　水の演出が織りなす古典の別荘　　積田洋　77

5 系統／ネットワーク

- 麗江古城　中国少数民族の華麗なる都　土肥博至　82
- キト旧市街地　赤道上に浮かび上がる白いネットワーク　小林美紀　85
- スタウアヘッド　展覧会の絵を巡る　大野隆造　88
- 知覧の街並み　緑が演出する景観のネットワーク　恒松良純　91
- キャンベラ　ひと味違う近代都市計画の新首都　横田隆造　94
- マルチメディア・ナビゲーション　空間のネットワークをたどる道案内　長澤夏子　97

6 継起／シークエンス

- ステップウェル　聖なる地下への多義的階段　福井通　102
- グラバー園　高みに暮らす紳士たちの優越　林田和人　105
- 日光東照宮　逆遠近法の参道が導く華やかな空間　積田洋　108
- 修学院離宮　上下するシークエンス　安原治機　111
- ブルージュ　過去の記憶が漂う運河の街　大佛俊泰　114

7 複合／コンプレックス

- パタン　ゆったり時が流れる美都　小林美紀　118
- アッシジ　丘にそびえる中世の都市空間　横田隆司　121
- カシャーンのバザール　迷路の街を貫く動脈　大野隆造　124
- グム百貨店　縦横に交差するパサージュ　日色真帆　127
- 軍艦島　現代廃墟に見る近代哀史　林田和人　130
- レスター大学工学部棟　機能と形のハーモニー　安原治機　133

8 重層／レイヤー

- モン・サン・ミッシェル　宗教精神が創る孤高の建築群　橋本都子　138
- クリフパレス　岩に守られたすみか　大野隆造　141
- マテーラの洞窟住居　地の端の集積　日色真帆　144
- トレド　建築と都市の美しき融合　横田隆司　147
- 鞆の浦　海がつくる暮らしと空間の魅力　齊木崇人　150

9 領域／テリトリー

- 熊野神社長床　夢想する床と大屋根　鈴木信弘　154
- 宗廟　場所の力を感じる石畳の庭　冨井正憲　157
- 旧閑谷学校　石垣に囲まれた静寂　鈴木信弘　160
- グランプラス　華やかな囲繞感　日色真帆　163
- ティカル　天と応答する領域　福井通　166
- スルー諸島　海上に組み立てられた生活空間　小林茂雄　169
- 白川郷・五箇山　風景と融合する合掌造りの集落　津田良樹　172

10 内包／コノテイション

- コロニア・グエル教会　幻想的な造形がつくり出す胎内的空間　………　柳田　武　176
- ベルリン・フィルハーモニー・ザール　聴衆との一体感が醸し出す音楽の空間　………　船越　徹　179
- ヴォクセンニスカ教会　白光に包まれる聖の空間　………　大佛俊泰　182
- エクセターアカデミー図書館　書庫を一望できる内包されたヴォイド　………　鈴木信弘　185
- テンペリアウキオ　住宅地の真ん中の地下教会　………　土肥博至　188
- イスラム住居のパティオ　楽園の小宇宙　………　福井　通　191
- コレギウム・マイウス　思索を誘う中世の中庭空間　………　土肥博至　194
- 羅城鎮　重なり合う熱気の舟形広場　………　土肥博至　197

11 表層／サーフェイス

- オルタ邸　アール・ヌーヴォーの華飾な空間　………　積田　洋　202
- シュレーダー邸　線と面による明快な三次元空間　………　橋本都子　205
- システィーナ礼拝堂　アレゴリック絵画による装飾空間　………　佐野友紀　208
- ブリオン・ヴェガ　繊細なディテールがつくる聖なる空間　………　積田　洋　211
- ザルツブルグの街並み　統一された看板の美しい街道　………　積田　洋　214
- ア・コルーニャの海岸通り　光とガラスのファサード　………　金子友美　217
- トロピカル・デコ　マイアミ海岸のアール・デコ　………　船越　徹　220

12 異相／ディフォーム

- スチャバ修道院　外壁を覆いつくす異相の絵物語　………　福井　通　224
- カルタジローネの階段　陶器の町の陶器の階段　………　金子友美　227
- ジャンタル・マンタル　天と交信する彫刻空間　………　冨井正憲　230
- さざえ堂　木造二重螺旋構造の異次元空間　………　柳田　武　233
- シュヴァルの理想宮　郵便配達夫が創った異形の極致　………　藤森照信　236
- ゲーテ・アヌム　情念が生み出した異形の建築　………　柳田　武　239
- フンデルトヴァッサーハウス　自然や色彩との饒舌な対話　………　土肥博至　242

空間ボキャブラリー

- 看板・サイン　………　80
- ゲート・門　………　100
- 窓・開口　………　136
- 階段・スロープ　………　200

引用文献　………　245
索引　………　246

スウェーデン / フィンランド
①ストックホルム市立図書館（14）
②テンペリアウキオ（188）
③ヴォクセンニスカ教会（182）

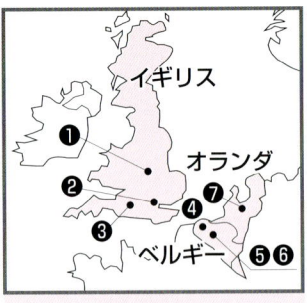

イギリス / オランダ / ベルギー
①レスター大学工学部棟（133）
②グローブ座（65）
③スタウアヘッド（88）
④ブルージュ（114）
⑤グランプラス（163）
⑥オルタ邸（202）
⑦シュレーダー邸（205）

ロシア
①グム百貨店（127）

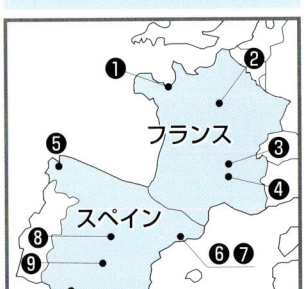

ドイツ / ポーランド
①ベルリン・フィルハーモニー・ザール（179）
②コレギウム・マイウス（194）

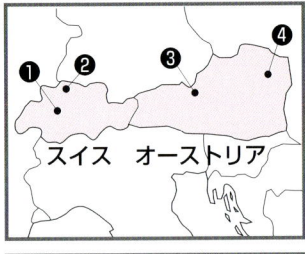

フランス / スペイン
①モン・サン・ミッシェル（138）
②ヴェルサイユ宮殿（2）
③ラ・トゥーレット修道院（30）
④シュヴァルの理想宮（236）
⑤ア・コルーニャの海岸通り（217）
⑥コロニア・グエル教会（176）
⑦バルセロナ・パビリオン（58）
⑧トレド（147）
⑨アルマグロのマヨール広場（43）
⑩イスラム住居のパティオ（191）

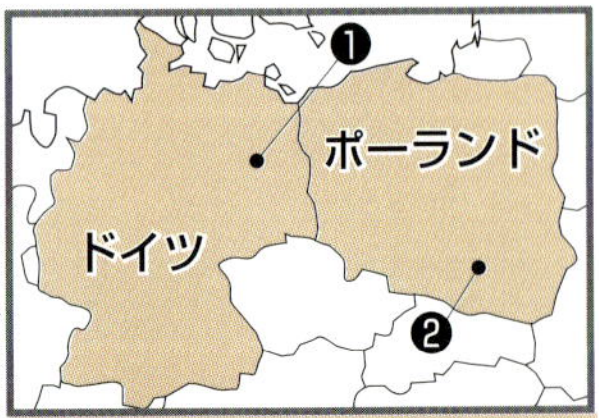

スイス / オーストリア
①ベルン旧市街（40）
②ゲーテ・アヌム（239）
③ザルツブルグの街並み（214）
④フンデルトヴァッサーハウス（242）

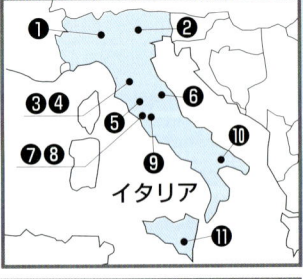

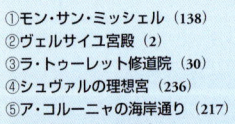

イタリア
①ドゥカーレ広場（11）
②ブリオン・ヴェガ（211）
③ポンテ・ヴェッキオ（52）
④シニョーリア広場（71）
⑤ピティリアーノの山岳都市（27）
⑥アッシジ（121）
⑦スペイン階段（74）
⑧システィーナ礼拝堂（208）
⑨ヴィラ・デステ（77）
⑩マテーラの洞窟住居（144）
⑪カルタジローネの階段（227）

モロッコ
①マラケシュの
　ジャマ・エル・フナ広場（68）

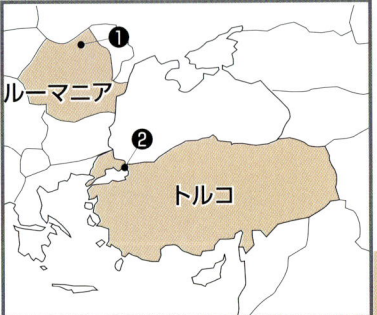

ルーマニア / トルコ
①スチャバ修道院（224）
②ハギア・ソフィア大聖堂（5）

イラン
①カシャーンのバザール（124）

＊（　）内は本書の収録ページを示す。

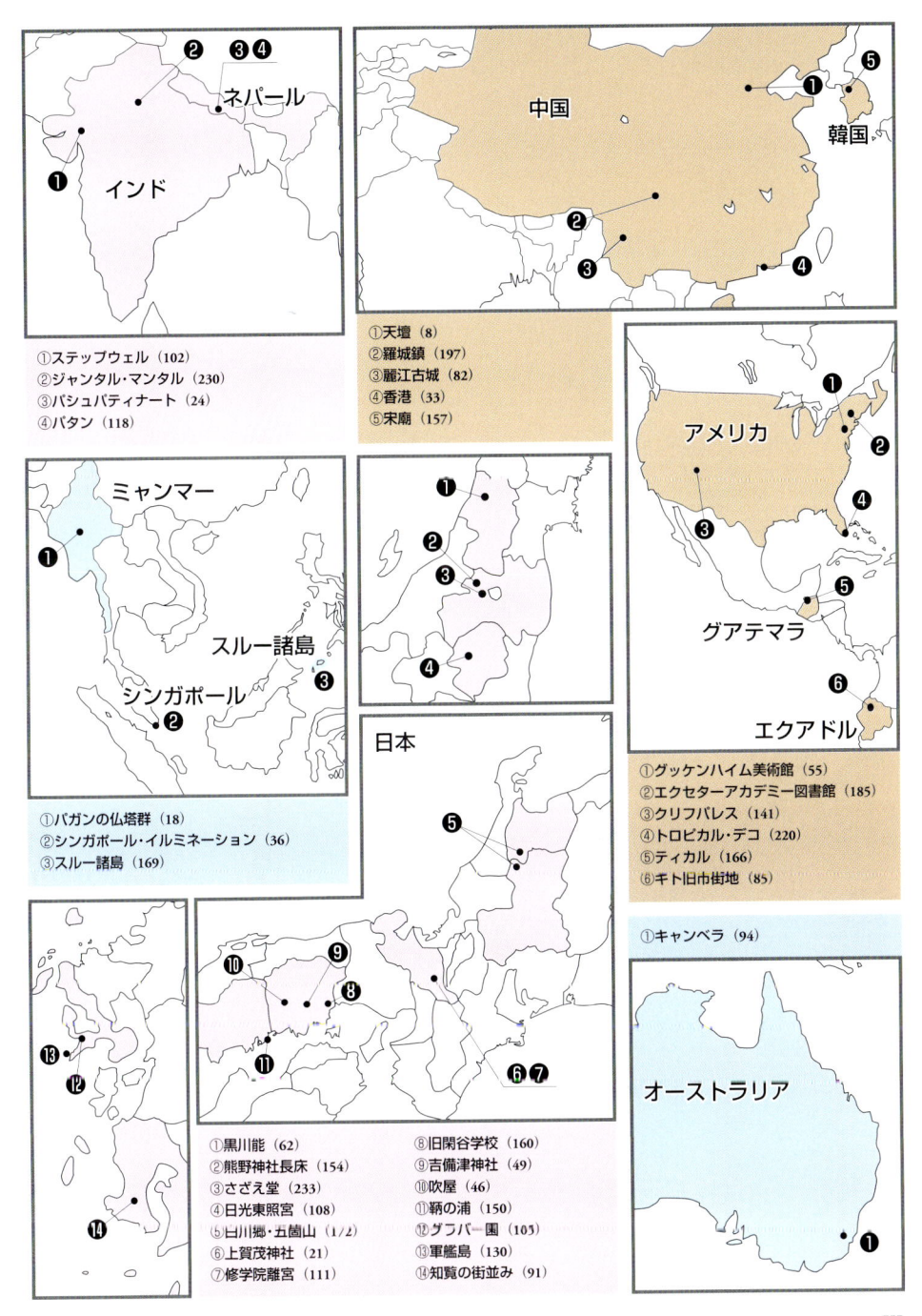

インド
①ステップウェル（102）
②ジャンタル・マンタル（230）
③パシュパティナート（24）
④パタン（118）

中国・韓国
①天壇（8）
②羅城鎮（197）
③麗江古城（82）
④香港（33）
⑤宗廟（157）

ミャンマー・シンガポール・スルー諸島
①バガンの仏塔群（18）
②シンガポール・イルミネーション（36）
③スルー諸島（169）

アメリカ・グアテマラ・エクアドル
①グッケンハイム美術館（55）
②エクセターアカデミー図書館（185）
③クリフパレス（141）
④トロピカル・デコ（220）
⑤ティカル（166）
⑥キト旧市街地（85）

オーストラリア
①キャンベラ（94）

日本
①黒川能（62）
②熊野神社長床（154）
③さざえ堂（233）
④日光東照宮（108）
⑤白川郷・五箇山（1/2）
⑥上賀茂神社（21）
⑦修学院離宮（111）
⑧旧閑谷学校（160）
⑨吉備津神社（49）
⑩吹屋（46）
⑪鞆の浦（150）
⑫グラバー園（105）
⑬軍艦島（130）
⑭知覧の街並み（91）

『空間体験』収録項目一覧

[イギリス]
グラスゴー美術学校
チェスターのロウズ
[イタリア]
ヴィラ・アドリアーナ
ヴェネツィア
カステルヴェッキオ美術館
ガレリア
カンピドリオ広場
カンポ広場
サン・ジミニャーノ
サン・ピエトロ大聖堂
サン・マルコ広場
パンテオン
[オーストリア]
ウィーン郵便貯金局
[オランダ]
アムステルダム株式取引所

[フランス]
エッフェル塔
オルセー美術館
サヴォア邸
シャルトル大聖堂
シャンゼリゼ
ポンピドー・センター
ラ・ヴィレット
ル・トロネ修道院
ロンシャンの教会
[ブルガリア]
リラ修道院
[ベルギー]
ルー・ヴァン・ラ・ヌーヴ
[ポーランド]
ワルシャワ旧市街

[中国]
拙政園
客家の円形土楼
ポタラ宮
窰洞

[アメリカ]
キンベル美術館
クライスラー・ビル
シーランチ
ジョンソン・ワックス
ファンズワース邸
ファヌイエル・マーケット・プレイス
落水荘
ラブジョイ・プラザ

[メキシコ]
ウシュマル
[ブラジル]
ブラジリア
[ペルー]
マチュ・ピチュ

[ギリシア]
アテネのアクロポリス
サントリーニ
[クロアチア]
ドゥブロヴニク
[スウェーデン]
クレマトリウム
[スペイン]
アルハンブラ宮殿
サグラダ・ファミリア
ヘネラリフェ庭園
メスキータ
[フィンランド]
セイナッツアロ村役場
タピオラ・ニュータウン

[イエメン]
シバーム
[イラン]
イスファハンの王の広場
[インド]
ヴァーラーナシのガート
風の宮殿
クンダ
タージ・マハル
ハヴェリー
ファティプル・シークリー
[インドネシア]
サダン・トラジャ族の集落
[韓国]
仏国寺
[カンボジア]
アンコール・ワット

[トルコ]
カッパドキア
グランド・バザール
[日本]
浅草三社祭
出雲ドーム
伊勢神宮
厳島神社
越中八尾市街地
桂離宮庭園
清水寺
倉敷アイビースクエア
国立代々木競技場
金刀比羅宮
三仏寺投入堂
待庵
丹後伊根漁村集落
つくばセンタービル
ディズニーランド
姫路白鷺城
本願寺飛雲閣
吉島家住宅
竜安寺石庭
[ネパール]
ダルバール広場

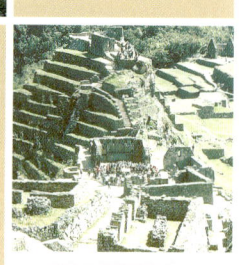

[オーストラリア]
シドニーオペラハウス

[ブルキナファソ]
グルンシ族のコンパウンド
[モロッコ]
フェズ

ものを対称に配列して空間を整えるということは，古今東西いたるところで見られる。この方法には，室内にあって左右一対に器物を置くことから，中心を定め円形に壁を配したり，軸線を一つあるいはいくつか設定し，その軸線に対し左右対称に建築群を並べるなど，いろいろなヴァリエーションがある。平面や立面を，四角形や円といった単純な幾何学的形態にまとめることも類似した方法と言えるだろう。これらは，空間を整然とさせ，秩序を与え，そして美しくする最も基本的な演出と言ってよさそ

1 対称/シンメトリー

うである。
　この配列は，歩いたり眺めたりする普通の人間のスケールに適用されているときには，安定やまとまりを感じさせる。一方で，この手法は強力で，人間のスケールをはるかに超えて貫徹されることもある。そのような場合は，壮大さ，無限などを連想させ，人間を超えた力や法則が象徴されることもある。
　もちろん空間を整える方法は対称だけではない。たとえば，日本的な空間と言われるものでは，一般に対称でない構成が好まれる。しかし，西洋は対称で日本は非対称というように単純なわけでもない。空間を演出する方法は実に多様にあることが，この本の中で順次示されるはずである。

（日色真帆）

ヴェルサイユ宮殿
壮大なシンメトリー空間

庭園上空(西側)から宮殿(東側)を望む。(写真提供:フランス政府観光局)

　ヴェルサイユの歴史は，沼沢地に建設された狩猟のための小館に始まる。ルイ14世(太陽王)はこの館を大改造して，丘を切り崩して運河を掘り，森林を庭園に変えることで，壮大で優雅なヨーロッパ随一の宮殿を築き上げた。
　ヴェルサイユ宮殿における空間構成の特徴は，何と言ってもその壮大なシンメトリー空間にある。宮殿を貫通する軸線は無限遠まで延び，それに沿って幾何学的な小径や刈込みをシンメトリカルに配置することでビスタが強調されている。軸線を用いる庭園様式は多いが，ヴェルサイユではこの軸線がきわめて強く強調されている。庭園はあたかも宮殿の続きのようであり，庭園のどこからでも宮殿が見えるように設計されている。高台の上に君臨して遥か彼方まで支配しようとする意識が，その空間構成から読み取ることができる。この壮大なシンメトリー空間は，ルイ14世の「我は国家なり」という権力そのものを表現している。
　宮殿の西方向に展開する庭園には，「ラトナの泉」，「緑の絨毯（王の散歩道）」，「ア

ヴェルサイユ宮殿

アルムの広場から宮殿を望む（正面にはフランス王室の紋章を戴いた鉄柵門が見え、王の内庭にはルイ14世の騎馬像が「我は国家なり」とそびえている）。(上) ／ 王の内庭に面した大臣翼とディテール（二段に勾配した屋根はマンサールの屋根と呼ばれる）(左下・右下)

ポロンの泉水」、さらに「大運河（グランカナル）」が続いている。緑の絨毯は、長さ335 m、幅64 mの芝生の花壇である。グランカナルは、長さが1,560 m、幅が120 mの大運河であり、1/3のところでもう一つの運河と直角に交わっている。これらの運河は、庭園を広く見せると同時に、低湿地の排水を行うために計画されているという。グランカナルを東（宮殿側）から西に眺めると、無限の彼方まで伸びているような錯覚を覚える。

ルイ14世は、この庭園を満喫するための「見学の手引き」なるものを自ら著している。それによれば、まず、宮殿後方のテラスに出て石段の上から水の前庭と泉水の配置を鑑賞し、次に、ラトナの泉水を見下ろすところまで進んで彫刻群を眺める。次に、王の散歩道、アポロン群像、運河に目をやった後、振り返って前庭と宮殿を見る。これが彼の言う正しい庭園鑑賞の「作法」だったらしい。

このように、豪華絢爛たるヴェルサイユ宮殿にも、今では信じられない欠陥があった。トイレがなかったのである。そのため、宮廷人たちは花壇や芝生の中に踏み入っ

1. 対称／シンメトリー

全長680mに及ぶ宮殿の壁面には窓と円柱と石像が連なる（正面2階に「鏡の間」がある）。(左上)／「南の花壇」（美しい文様はまるで刺繍のようである）。(左下)／手前から奥へ「ラトナの池」，「緑の絨毯」，「アポロンの泉水」，「グランカナル」が続いている。(右)

て用を足した。困り果てた管理者たちは，通路を示すための「立て札（エチケット）」を立てた（フランス語で「エチケット」とは「立て札」の意味）。「立て札に従え！」というルイ14世の意向は，「礼儀作法に従え！」という意味に転じ，今日，われわれが使う広い意味での「エチケット」になったというから面白い。何となく堅苦しさも否めないヴェルサイユ宮殿であるが，こうした逸話の存在を知ると，妙にホッとした気持ちになる。ルイ14世の残したかった「作法」を知る人は少ないが，皮肉にも別の作法だけがわれわれの生活に溶け込んだ。

　1999年12月25日，風速45m/秒という猛烈な嵐がヴェルサイユを襲った。18世紀から19世紀にかけて植えられた樹木の約80％，実に10,000本以上の大木が根こそぎなぎ倒された。ヴェルサイユの森にとっては史上最悪の惨事となった。直ちに森の復旧作業は開始されたが，写真にあるような姿は200年後にしか眼にすることができない。太陽王の残した権力の図式を，今度はアンシャン・レジームに苦しんだ民衆が力を合わせて守ろうとしている。歴史とは誠に不思議である。（大佛俊泰）

ヴェルサイユ宮殿
[Chateau de Versailles]

所在地：フランス，(パリ郊外)
年代：17〜18世紀
用途：宮殿
設計者：ル・ボウ，ジュル・アンドゥアン・マンサール（建物），ル・ノートル（庭園）

ハギア・ソフィア大聖堂
空間創造の奇跡として1400年以上の歴史を生き抜く大空間

　「ピアは，その上に伸びる構造が及ぼす力に耐えることができず，突然傾き始め，崩壊寸前の状態になった。アンテミオスとイシドロスの職人たちはこの事態に恐れをなし，…皇帝に状況を報告した。何によってかは分からないが，おそらく神によって力を受けた皇帝は，アーチの曲線を完成させるよう直ちに命じた。」(プロコピウス『建築』I, i) この6世紀の史料が伝えるように，ハギア・ソフィア大聖堂の建設は，前例のない，きわめて困難な大事業であった。ビザンティン建築最大の大架構となったこの教会堂の計画と建設において，果たして現在の語義から想定するような空間の「演出」という操作が可能であったかどうかは疑問である。設計と工事は，「演出」のための余裕をもつことのできない，可能性の限界への細心にして大胆な挑戦であった。

　皇帝と二人の建築家は，当時一般的であったバジリカ形式を

南東エクセドラから東側半ドーム，さらに中央ドームを臨む。(上)／堂内第2コーニスからアプシスを臨む。(下)
(上下写真提供：ハギア・ソフィア学術調査団)

北側から見たハギア・ソフィア大聖堂外観。4基のミナレットはオスマン・トルコ時代の付加。

採用しつつ，何故，その細長い空間とは本来矛盾するドームをそれに組み合わせるという構想に執着したのであろうか？　同時代史料から解答を得ることはできないが，特に皇帝には譲歩し得ないいくつかの条件があったと思われる。まず，会堂の屋根は煉瓦造でなければならなかった。ニケの乱では，木造の小屋組に火を受けた旧会堂が全焼したからである。また，新しい構造は旧会堂を凌ぐ規模をもたなければならなかった。叛乱鎮圧後ただちに皇帝の威厳と帝国の財力を顕示する必要があったからである。

　木造の小屋組を前提とするバジリカ形式という選択肢は，耐火性，および梁材の長さによる横断スパンの限界（旧会堂はほぼこの限界に近い規模であった）から，設計初期段階で消されたであろう。幅の広い身廊を1スパンで覆うヴォールト架構は，推力に対抗する横壁に開口部を設けることができなかった。残る選択肢は，小規模建築に採用されていたドームを連ねてバジリカ形式を覆うか，ドーム自体を最大限に拡大するかであった。皇帝と建築家たちは，この最後のもっとも難しい可能性を追及したのである。

　ハギア・ソフィアの空間は，頂高56mに達するその大ドームによって覆われる空間として語られてきた。これは正しい。建築物としてのハギア・ソフィアのすべてはドームから始まり，ドームに関わる。堂内のすべての空間，その光と陰のすべてはドームに支配されている。自重以外の荷重を支える構造部材のすべては，何らかの形でドームの巨大な重量を分担していると言ってもいいであろう。

　しかし，この感覚的理解は，あと一歩分析的に進める必要がある。大ドームをペンデンティヴ・ドームとすることで，ドーム基面の円形は下方の正方形に巧みに変換され，ペンデンティヴの起拱点以下は通常の教会堂形式の空間語彙で構成することがで

きた。そもそもペンデンティヴはペンデンティヴ・ドームから方形空間への変換器として考案された独創的な道具であった。しかし，ハギア・ソフィアの設計者たちは，ペンデンティヴを用いつつ，あえてその特性を和らげたのである。ドームは東西方向で半ドームに連なり，ペンデンティヴが定める方形の枠を越えて半円形の空間が東西で軸線方向に広がる。この場合，床面では，身廊，側廊の区画が列柱によって決まるので，その半円形の広がりは床面に反映する前に処理しなければならない。しかも，一般形式から求められる側廊ギャラリーが挿入されるので，ペンデンティヴの起拱点から床面までに大きな余裕はない。

設計者たちは，半ドームとバジリカ形式との接合要素として，「エクセドラ」と呼ばれる半円構造を導入した。半ドームの基部にこのエクセドラの半球面が開くことによって，半ドームの半円形の突出は和らげられ，穏やかに床面のバジリカ式構成に連結される。特に東端部では，このエクセドラがアプシスと美しい三連の調和を保つ。

ハギア・ソフィアの空間的独創性は，このエクセドラの導入にある。高く広く頭上に浮くドームの球面は，半ドームを経てこのエクセドラの殻面とアーチと円柱に降りてくる。教会堂におけるこの種のエクセドラに前例がないわけではない（ハギオス・セルギオス・カイ・バッコス聖堂）。しかし，集中形式の小空間ではなく，バジリカ形式とドームの矛盾を穏やかに調整する緩衝材として，堂内に立つものの視線に近い位置に，このローマ建築の語彙を巧みに導入したハギア・ソフィアの構成法は，構造と空間と典礼の限界を考慮したきわめて高度な創造であったと言えよう。　（日高健一郎）

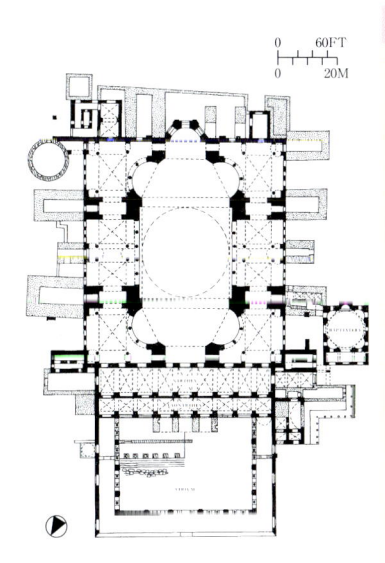

ハギア・ソフィア大聖堂平面図

ハギア・ソフィア大聖堂 [Hagia Sophia]

先行するテオドシウス2世の教会堂焼失により532年にユスティニアヌス1世の命で，ビザンティン帝国の首都コンスタンティノポリスに，トラッレスのアンテミオス，ミレトスのイシドロスの設計により建設開始，5年11カ月の工期で537年12月に竣工した。ビザンティン建築最大最美の教会堂である。地震により，558年に中央ドームが崩落，再建工事は563年に完了した。その後10世紀，14世紀に地震によりドームが部分崩落し，その都度崩落部分が再建された。1453年，オスマン・トルコ帝国によるコンスタンティノポリス陥落によりモスクに転用され，徐々に堂内のモザイクは漆喰で隠蔽された。トルコ共和国成立により博物館となり，現在にいたる。1930年代にアメリカ調査団の手で表層漆喰が除去され，モザイクの一部が現れた。現在は，アメリカ隊のほか，著者を代表とする日本の学術調査団が保存修復を目的とした総合建築調査を進めている。

天壇
あくまで貫通する中央軸線

天壇は，中国の皇帝が都城の南郊に天帝を祀るために設けた壇である。北京に現存する天壇は，明代の永楽18年（1420）の創建で，はじめは天と地を合わせて祀り，天地壇といっていたが，嘉靖9年（1530）に地壇を分離し，天壇と称するようになった。さらに清代の乾隆16年（1751）に拡張・整備された。その後，焼失・再建を経ているが，規模形式はほぼ乾隆当時の状況を伝えている。

　北京城の南，永定門の東に位置し，全城の中心軸をはさんで先農壇と相対している。総面積2.8km²。天帝を祀る圜丘と五穀豊穣を祈念する祈年壇の二つの建築群を，中央軸線上に南北一直線に配す。さらに，斎宮などの建築群が西側に置かれる。南北の軸線にそった部分が天壇の中心で，左右対称な圜丘・皇穹宇・祈年

祈年殿は北京の青空によく映える。現在の建築は1896年の再建。梅原龍三郎・白井晟一など祈年殿に魅せられた日本人も多い。(上)／皇穹宇から祈念殿までの一直線に延びる通路。通路両側に柏槙の緑の壁によりパースペクティブが強調される。(中)／皇穹宇は，碧瑠璃瓦葺き単層屋根の円形建物。これを囲む円い塀は，一方の側でささやくと，もう一方で聞くことができる。(下)

8頁写真：圜丘の最上壇。天心石を中心に同心円に9の倍数の石で敷き詰める。陽数の3を掛け合わす9は陽数の中の陽数で，それによって天をかたどる。(上)／圜丘こそ真の天壇といえる場所。皇帝が天と交感する場である。各壇の直径は9丈，15丈，21丈の陽数（奇数）で計画されている。(下)

殿があくまで貫通する中央軸線上に並び，その間を塼敷の太い通路で結ばれる。

圜丘は天の円にかたどった白大理石の三重の円壇で，石の階段・石の欄干を備える。最上壇は建物はなく，中心の天心石を囲んで，同心円に敷石が配される。一周目が9枚，二周目が18枚，三周目が27枚，……最外周が81枚と9の倍数で敷き詰められる。中壇・下壇も同様で，その他，壇の直径や階段・欄干の数までが，中国で重要視される陰陽説の陽数（奇数）および9の倍数でできている。冬至の日，皇帝は午前4時から，高い竿から吊り下げられた大きな燈籠の明かりのもと，天帝を祀る儀式を行い，天命を受ける。

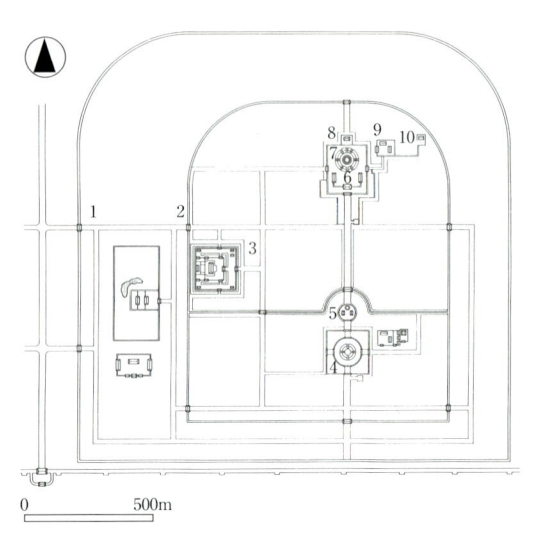

1. 西門　2. 西天門　3. 斎宮　4. 圜丘　5. 皇穹宇　6. 祈年門　7. 祈年殿　8. 皇乾殿　9〜10. 神厨および宰牲亭
配置図

圜丘背後の皇穹宇は円形の建物で，歴代の皇帝の位牌を安置する。

皇穹宇から祈年殿までは，一直線に延びる幅32m・長さ368mの通路で結ばれている。北に向かって通路正面に祈年殿をアイストップに，通路両側に柏槇の壁を配することによってパースペクティブが強調されている。進むほどに高まっており，一直線の通路の果てに，そびえる三層屋根の祈年殿を望めば，人はあっと息をのむであろう。

祈年殿は三重の円形壇上に，三層の碧瑠璃瓦葺き屋根の円形平面の建物で，五穀豊穣を祈るところ。高さ38m，直径30m。上層を支える中央4本の柱は四季を，中層の12本の柱は12カ月を，下層の12本の柱は12の時刻を表しているとされる。

全体を天壇と称し，二重の堀で取り囲む。敷地は北方が円形で南方が方形（四角形）である。これは，天は円く，地は四角という古代中国人の宇宙観からきている。天壇のいたるところに，天を象徴する円や陽を表象する奇数が，直接的にデザインソースとして使われている。

（津田良樹）

天壇
所在地：中国北京
年代：創建1420年，拡張整備1530年・1751年
用途：天帝祭祀る，五穀豊穣を祈念
規模：総面積2.8km²
建設者：永楽帝，乾隆帝

ドゥカーレ広場

軸線と装置によって創り出された広場

広場全景(上)／連続したリズムを刻むファサード(下)

1．対称／シンメトリー

ドゥオモの湾曲したファサード(左)(写真提供：芦川 智)／壁面の装飾(右)

　中世の面影を残す赤い瓦の街並みを歩いて行くと，突然整然とした広場にたどり着く。狭い街路の先に唐突に開けるこの空間演出の手法は，ヨーロッパの都市では決して珍しいものではない。都市広場には，道の膨らみや交差部がそのまま広場になった自然発生的なものと，明らかに計画的に配置されたものとがある。このヴィジェーヴァノの広場は後者であり，しかも他とは比較にならないほどの対称・統一へのこだわり，計画性を感じずにはいられない。

　旧市街の道路網を見ると，スフォルツェスコ城を中心とした同心円状の街路構成の中に，唐突にこのドゥカーレ広場がおかれていることがわかる。広場は15世紀に，城の北側に既存の建物を一部壊してつくられたという。

　広場の東側ドゥオモ（大聖堂）は16世紀に再建され，1680年にこの湾曲したファサードがつくられた。教会と広場はそれぞれが異なる軸線によって配置されている。また，このファサードの左端の入口は，ドゥオモ内部ではなく街路へとつながっている。このファサードは，広場に対して対称形を保つ役割を果たしているのである。つまり湾曲したファサードは，異なる二つの軸線を融合するための装置となっている。

　このドゥオモのファサード以外の広場の三面は，軸のそろえられた屋根，同じリズムを刻むポルティコと壁面にあけられた丸窓，ファサードに描かれた絵画装飾で彩ら

ドゥカーレ広場

れている。この連続する壁面もまた街路の侵入を無視するかのように,整然と並んでいる。床面に描かれた幾何学模様も,完全な対称形である。白色の石で描き出された図形は,完成度の高いデザイン性を感じさせる。この広場が華やかな雰囲気を感じさせてくれる要因として,こうしたデザイン・エレメントの完成度の高さがある。これらの結果,ドゥオモの湾曲したファサードは細長い広場のアイストップとなり,この広場を印象づける。

広場の名称ドゥカーレは,イタリア語で「公・君主」を意味する。街区と道路を切り取るようにしてくつり出された広場は,その切り口すべてを統一要素で覆うという徹底した演出手法で整えられている。しかし,これほどまでに整備された広場東側ドゥオモの前には,実は車止めがあり,一般車両が広場を通り抜けるような形になっている。堂々たる風格で広場に君臨するドゥオモのファサードの前を通り抜ける車を目にしたとき,君主広場の名をもつ広場が,どこか庶民的で身近なものに感じられた。　　　（金子友美）

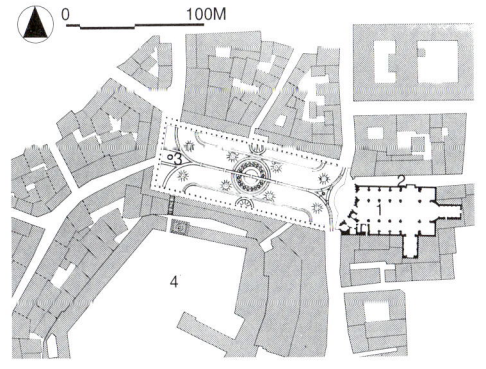

広場からスフォルツェスコ城のブラマンテの塔が見える。

床面に描かれた模様 （写真提供：棚橋国年彦）

広場平面図　1 Duomo　　　　　3 Statue
　　　　　　2 Via Carlo Alberto　4 Castello Sforzesco

ドゥカーレ広場
[Piazza Ducale (Vigevano)]

所在地：イタリア,ロンバルディア州,ヴィジェーバノ
建設年代：15世紀
用途：教会前広場
規模：約40m×124m
設計者：アンブロジョ・ディ・クルティス

1．対称／シンメトリー　13

ストックホルム市立図書館
本の背がつくる円筒形

（写真提供：大佛俊泰）

　この建物の平面は単純で，外周約28mの円筒形の貸出し室を中央に，正面と左右とに矩形の閲覧室が配されて，全体で約49m角の正方形である。立面も単純で，高さ約16mの直方体の上に，円筒形が約15mほど頭を出すという構成である。直方体は装飾のない上部と切石積みの下部とに分けられ，それらの境には装飾された帯が回る。円筒にも帯が回っているが，近くからは上部のみが見える。このような単純な幾何学的形態を組み合わせながらも重厚な印象はなく，均等に並ぶ彫りの浅い無装飾の窓，ファサード頂部の細い輪郭などのためか，むしろ軽快さや繊細さを感じさせる。

　スロープをのぼって至る正面入口は，エジプト的なモチーフの枠をもち，扉にはアダムとイブをかたどる把手が付けられている。天井の高いエントランスホールの黒いプラスターの壁には，古代ギリシアの叙事詩イリアスの場面のレリーフがある。歴史をたどるようにこれらを抜け，上方に見える乳白色の大きな照明を目指して正面にある緩やかで狭い階段をのぼると，貸出し室のほぼ中央に登場することになる。

　この円筒形の空間は，上段ほどセットバックする三重の書架が，周囲の壁に巡って

ストックホルム市立図書館

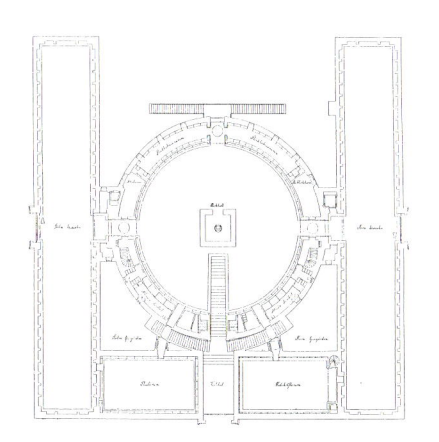

スヴェア通りからスロープをのぼってアプローチする。(左上)／円筒形の壁面は粗い仕上げである。貸出し室の下は閉架書庫となっている。(右上)／主要階（2階部分）平面図(左下)／エントランスホールから貸出し室にのぼる階段。正面に貸出し室の照明が見える。左右に円筒形の壁に沿って上階にのぼる狭い階段がある。(右下)（左上・右上写真提供：大佛俊泰）

いる。隙間なく書架に収まる書物に身の回り360度を取り囲まれると，これはまさしく読書家の夢の光景である。部屋の内法と天井高は同じく27mほどで，書架の上にさらに20mは伸びる円筒形の内壁は，装飾もなくプラスターで白く粗く仕上げられている。ハイサイドライトから光が射し，乳白色の照明が中空で光を放つことで，この白い筒の内側は明るく照らされ，浮かぶ虚空といった不思議な印象である。

　設計したアスプルンドは，ロマンチックな民族的モチーフとモダニズムの間で揺れる北欧建築を体現するように，作風が変化した建築家であるが，この時期には新古典

1．対称／シンメトリー

主義のプレーやルドゥーの影響が見られる。初期案はパンテオンのようなドームがのり，多くのトップライトが開いていたが，長い設計期間を経て最終的に円筒形として実現されている。彼は家具や照明もデザインしている。また，地上階には子供用の物語室があり，半円形の壁にはニルス・ダールデールがお伽噺に登場する傘をさす眠りの精を描いている。アスプルンドは案に手を加え続けて，独特のプロポーションと繊細で少々遊び心のあるデザインへとまとめ上げる建築家だったようである。

　この建物は，スウェーデン初の公共図書館として計画されたものである。アスプルンドは図書館員とともに，当時公共図書館において先進的であったアメリカを視察している。特に，中央に天窓のある貸出し室を持ち，周囲を閲覧室で囲むデトロイトの図書館を参考にしたということである。　　　　　　（日色真帆）

3段の書架が貸出し室の周囲を取り巻く。(左上)／左右の閲覧室は天井高7mほどの細長い空間で，貸出し室から書架に開いたトンネル状の通路を抜けていたる。(右上)／図書館がのる基壇部分には店舗が入っている。(下)

ストックホルム市立図書館
[Stockholm Stadsbiblioteket]

アスプルンド・エリック・グンナー(1885－1940)の設計(1920－28)。ストックホルムのスヴェア通りとオーデン通りの角に建つ。街区の中央には天文台博物館のある丘があり，その丘の裾に建つ。建物は基壇の上に立つデザインで，その基壇には店舗が入っている。隣接する公園の設計もアスプルンドによる。

対比/コントラストとは，異なる性質または量のものを相対することをいう。これにより差異が顕著となり，互いが引き立つ現象が生ずる。通常は，相異なる二つのものの対比が意識されやすいが，複数のものの対比もあり得る。たとえば，新旧・大小・明暗・色彩などの対比が，ある対象空間の中に同時に認められることもある。

　対比は，建築・都市空間の構築や演出にはつきものである。空間を構築すること自体に，自然に対する人工的構築，旧いものに対する新しい空間創造などの対比的な関

2 対比/コントラスト

係が内在しているからである。したがって，空間演出における対比のあり方はさまざまで，多岐にわたる。近代建築では，形態・構造・材料・意匠などの対比が，自然環境や既存の建築・都市空間に対峙する形式で思想と方法の両面で意識的に見られるが，近代以前の建築，あるいはアノニマスな建築にも，さまざまな形で対比を読み取ることができる。

　空間演出における対比を意識的に見ることは，空間を構成している要素間の関係を差異性の視点で見ることに他ならない。ここに取り上げられた事例は，自然と構築，色彩，明暗，昼夜などの対比が見られるが，これらの要素は，スケール的にも内部空間から都市空間までさまざまな異なるレベルがある。また，眼前に見える知覚空間を超えて，意識・イメージのレベルにおける対比も読み取ることができる。このように，空間演出における対比/コントラストは，対比をつくりだす要素とともに，対比が生起する次元，言い換えれば差異が現象する場面も重要な要因として関係する。　　（福井 通）

パガンの仏塔群
大地に林立する象徴空間

円錐形または覆鉢形からなる仏塔群(上)／椰子，天空，そして大地に林立する仏塔群(下)(上下写真提供：福井通)

仏塔内部の窓から仏塔と椰子の群れを望む。(左)／露天商の立ち並ぶ仏塔の参道(右)(写真提供：鎌田元康)

　緑，青，茶——パガンを語るための三原色である，と彼の地を踏む誰しもが実感するにちがいない。見渡す限りの荒野に点在する椰子，これを包含する青い天空，そして大地に林立する仏塔（パゴダ）の群——この自然と人工の織りなす光景は，ランド・アートのようにさえ映る，きわめて不思議な詩的空間である。

　パガンを俯瞰すると，水平に広がる大地に対して，垂直に昇天する仏塔群はいずれも類似して見える。しかし，よくよく見ると個々の仏塔は，円錐形や覆鉢形をしたレンガ造であり，千差万別の形態からなっている。

　古都パガンは，インドネシアのボロブドール，カンボジアのアンコールワットとともに，世界三大仏教遺跡の一つとして知られている。仏塔群は，ミャンマー族による最初の統一王朝といわれるパガン王朝のもと，元の侵攻により滅亡するまでの12世紀前後に造営された。この天と地の間を垂直に彩る仏教建築群は，そのただならぬ数の多さと限定された色彩により，廃墟となった現在も圧倒的な迫力を誇っている。

　パガンを彩る色として，先に述べた三原色のほかに，もう2色を加えるならば，白と金であろう。パガン朝建築の最高峰といわれるアーナンダ寺院の白と，寺院内部に安置されている金の仏像がそうである。この寺院はシカラ状の高塔を持ち，平面は2軸対称の十字形をなす。寺院の内部では，回廊と回廊を区画する壁に，採光のための穴が時折みられる。この穴を通して，別の観光客やそれにつきまとう地元の子供たちの様子を垣間みることができる。花やブローチを手に携えた2, 3人の子供たちが，

2．対比／コントラスト　　19

アーナンダ寺院の回廊(左)／アーナンダ寺院の外観(中)／アーナンダ寺院の黄金に輝く仏像(右)(左・中・右写真提供：安藤直人)

「プレゼント」と言いながら観光客に折り重なるように回廊を巡っている。回廊間の厚い穴が額縁のような効果をもたらし，穴の向こう側に覗き見られる光景を印象づけてゆく。

　他方，仏塔群の内部からは，レンガの厚い壁に穿たれた窓を通して，茶褐色の仏塔群と緑色の椰子が臨まれる。このように，仏塔の内観のみならず外観をも同時に見ながら，往時に思いを馳せられるのは，林立する仏塔群の利点であろう。

　これら仏塔群や寺院の内部空間は，灼熱の太陽光の外界とは対照的に，薄暗く神秘的な光と冷気に満ちている。宗教的な理由から，素足を強制されるため，足元からレンガの冷気を実感することとなる。仏塔の内外における体感温度の格差は，身体を通じて信仰心を高め，癒しを与える仏教建築物のありがたみを増しているようである。現在，ミャンマーにおける主要宗教の9割が仏教であるというのも，パガンを体験すればうなずける。

　各仏塔にいたる道では，赤褐色の布を身にまとった僧侶，ゆったりと土煙をあげて走る馬車，水瓶を頭上にのせて運ぶ人，傍らには灼熱の太陽にのびきった犬が見かけられる。これらすべてのものが，ここパガンでは，悠久の時の流れに息づき詩的な空間を演出している。(関戸洋子)

パガン ［Pagan］

所在地：ミャンマー（旧ビルマ），エーヤワディ川中流の東岸にある古都
建設年代・時代：12世紀前後，パガン王朝の時代
用途：仏搭（パゴダ）や寺院，世界三大仏教遺跡
仏教建築物の規模：パガン王朝では約1万3,000基，伝説では440万基強，現在では約2～5,000基と諸説みられる。
建立者：おもにパガン王朝時代の王

上賀茂神社
色の対比が創る緊張のシークエンス

一の鳥居より，はるか本社のある森を望む。

　賀茂別雷神社，通称上賀茂神社の参道は，一の鳥居から始まる。鳥居をくぐるとすぐに目に飛び込んでくるのが，5月5日に行われる賀茂競馬に用いられる広大な"馬場"と呼ばれる芝生の広場である。その中央を真っすぐに，二の鳥居まで150mほどの白砂の参道が延びている。鳥居の鮮やかな朱色，芝生の緑，白砂の参道と見事なまでの色彩の対比が，他の神社には見られない独特の空間をつくっている。わずかに3色からなるシンプルな構成のなかに，スケール感をともなって，神聖な空間に向かう期待感を高めている。

　さらに進むと，二の鳥居ごしに真っ白な砂で敷き詰められた境内が見える。周辺を樹木の緑で囲まれ，正面にはほぼ並行に配置された細殿，土屋が並び，中央に橋殿が置かれている。この空間のなかに象徴的に存在しているのが，細殿の前に置かれた鋭く先のとがった2つの三角錐形の「立砂」である。「立砂」は，神体山である神山にちなんだ一種の神籬である。この「立砂」によって，空間は引き締まった緊張感を一気に高めている。一の鳥居から二の鳥居へいたる空間に，劇的な場面の転換が演出さ

2．対比／コントラスト　　21

参道の両側には広々とした芝生の緑が広がる。

二の鳥居の先に，細殿前に置かれた象徴的な2つの三角錐形の「立砂」が見える。

れている。

　御手洗川に架けられた橋殿の両側にある禰宜橋，または祝橋を渡ると，朱に彩られた入母屋造，檜皮葺きの楼門と御物忌川に架けられた玉橋が，木々の間からその姿を現す。見え隠れを意図した劇的な空間演出である。楼門をくぐると，切妻造の中門と本殿・権殿を囲む建物のある中庭にいたる。ここが参道の終点であり，三間二面流造の本殿と権殿は中門の奥に隠れ，気配として感じるのみである。

　上賀茂神社の参道は，本殿に向かうアプローチ空間として，連続していながらもそれぞれ異なった雰囲気をもつ3つの空間に分節され，スケールや緑，建築物などの構成要素を変化させながら，さらに色彩の対比によりドラマチックに，期待感を募らせ

白砂利の境内の中に細殿，舞殿，土屋が微妙に角度を変えて配置されている。

るように巧みにつくられたシークエンシャルな空間演出がある。

また，一の鳥居から道路沿いに右に進むと，社家の街並みがある。上賀茂神社の境内から明神川と名を変えて流れる掘割に架かる石橋と，土塀の連なる静かなたたずまいを残している。室町時代から上賀茂神社の神官の屋敷町として，土塀の瓦葺きの門が並び，重要伝統的建造物群保存地区に指定された美しい景観がある。　　　　　　　　　　（積田　洋）

賀茂別雷神社

通称を上賀茂神社といい，賀茂川沿いに上賀茂神社から約3km下った糺の森に鎮座する賀茂御祖神社（通称，下賀茂神社）との両社を総称して賀茂神社と呼ばれる。
所在地：京都市北区上賀茂本山
建設年代：678年鎮座，国宝の本殿と権殿は1863年,他は1628年の造営といわれる。
用途：神社－参道空間
規模：境内敷地約16万坪，参道の長さ約230m

鮮やかな朱色の楼門と賀茂川の分水である御手洗川(上)／中門，後方には国宝の流造である本殿と権殿が置かれている。(中)／社家の街並み(下)

パシュパティナート
自然の谷間に構築された聖域

バグマティ川の上流より橋の架かる下流の中心部を見る。水辺の階段のデザインが構築的で美しく，緊張感がある。

橋より下流の火葬場を見る。乾季で水量は少ないが，焼き終わるとバケツで水を汲み灰を川に流す。(上)
橋を渡り，対岸より2本の橋が架かる中心部を振り返る。右手の上流に寺院があり，左手の下流に火葬場の煙が上がっている。(左下)
対岸よりシバ神を祀る寺院を見る。境内より川に向け真っすぐに階段が下りている。水辺の空間は広場のようにゆったりしている。(右下)

　パシュパティナートは，ネパールのカトマンズ東部約3kmにあるヒンドゥー教の聖地である。聖なる河・ガンガーへと通じるバクマティ川の両岸に，自然の谷間の地形を利用し，きわめて構築性の高い線状の空間を構成している。
　首都・カトマンズの中心に対する周縁，俗世界に対する聖域，自然に対する構築的空間という対比をもつのみならず，川の上流と下流，此岸と彼岸，水辺と丘等により空間特性が異なり，対比的イメージが共存する不思議な魅力をもつ空間である。
　アプローチを行くと，小さな塔のある橋のたもとにでる。10mほどの川に，上流と下流を区切るかのように，2本の橋が隣り合せに架かっている。物理的には，この

2．対比／コントラスト

橋が中心である。人々の心理的な中心は，この橋のすぐ上流の小高い丘に建つ寺院にある。破壊の神・シバ神を祀る寺院だが，ヒンドゥー教徒以外は入ることができない。寺院からは，真っすぐに階段が聖なる川に下りている。知らずにこの階段に足をかけると，近くの人から強い叱責を受ける。結界のような見えない境界があるのである。彼岸のイメージをもつ対岸には，小さな祀りの場所が林立し水辺の空間を一望できる。

寺院のすぐ下の水辺には，沐浴のための脱衣や休憩のための建物が建っている。その前には，水辺に下りる美しくも力強い階段があり，火葬用のガートがある。王家のガートだという。火葬用の基壇を含む階段空間は，水の流れに沿ってわずかにカーブし，水辺の祀りの場所等の詳細なデザインが実に美しい陰影を見せている。水流が強くあたる場所の基壇は円形となるなど，自然の力と人為の意志力がつくり上げた造形であることが見てとれる。ぎりぎりの用と美の，自然と構築の好例である。

一般の人々のガートは，橋の下流にある。橋上に立つと，水蒸気混じりの青白い煙が立ち，湿り気のある独特の死体を焼く臭いがする。哲学的ともいえる美しい階段空間と，この空間での独特の身体感覚的空間体験は，強く記憶に残る。文化の差異と原型的空間がもつ共通感覚が，記憶の深層に働きかけるのであろう。死体を焼いた灰をバケツの水で流すすぐ下流で，頭を洗い髪をとかす親子がいた。　　　　　（福井　通）

パシュパティ寺院から川へ下りる階段と水辺の関係を見る。水辺にも小さな祀りの場が見える。

橋の中心部から上流を見る。谷間の地形を巧みに利用し，水辺の階段部分も水流等の自然の力を反映したデザインとなっている。

パシュパティナート［Pashupatinath］

所在地：ネパール，カトマンズ東部
年代：5世紀頃
用途：ヒンドゥー教の聖域
規模：幅員約50〜60 m，延長200〜300 m

ピティリアーノの山岳都市
樹海に浮かぶ要塞

岩壁と同色の住居の壁

　フィレンツェやピサといった世界的に有名な観光地のイメージが強いトスカーナ州だが，少し郊外に出るとなだらかな丘陵地帯と豊かな緑の人里離れた風景を見ることができる。トスカーナ北部には，いくつもの魅力ある山岳都市がある。塔の林立する町として有名なサン・ジミニャーノ，パリオ祭で有名なシエナといったある程度の規模をもつものから，人口わずか数十人という集落まで，またその形状も急斜面にはりつく住居群や尾根づたいに町が拓けたものなど多様である。ここで取り上げるピティリアーノは，緑の丘陵地帯の中にひとつ突き出した岩山の上に形成された町で，独特な景観をもつ山岳都市の一つである。

　緑濃い樹海の中に赤茶色の岩肌を立ち上げ，ピティリアーノの町が顔を見せる。周囲の自然の中で，この町の外観は遠近感を喪失させる。遠景はまるで樹海に浮かぶ要塞都市である。町に近づいて見ると，樹海から立ち上がっている岩壁は，同じ色の家々の壁面にほとんど継目なくつながっていることがわかる。この自然の岩盤を利用した町の構成が，周囲の自然と人間の住む生活空間の対比として，そのまま町の外観の色彩のコントラストとして現れている。

旧市街，正面にサンタ・マリア教会が見える。

旧市街の中は階段も多い。

　町の入口は，レプッブリカ（共和国）広場である。この広場は現在，駐車場となっている。ここから町の中に足を踏み入れると，そこは中世にタイムスリップしたかのような空間である。狭い路地や崩れ落ちそうな壁，磨り減った石畳の階段をゆっくり上ってくる老人，壁面に残された彫刻，喧騒を忘れた時間がゆっくりと流れている。自然の岩壁を利用した要塞は，その力強い外観とは対比的に，内側にはきわめてヒューマン・スケールの優しい空間を内包している。

　内側を守るために外側を閉ざすという手法は，世界共通の防衛システムである。地形を利用した立地条件に居住域を強固な城壁で囲み，入口を限定し，外敵の侵入に対して防備した城や都市は各国で見

旧市街，階段の連なる風景（写真提供：芦川智）

町の遠景

つけることができる。安易な都市生活に慣れた私たちにとっては，住みやすいとは言い難い空間であるが，自己防衛が生きる術であった当時の人々にとっては，好都合の条件を備えた空間だったのかもしれない。

　緑の樹海と赤茶色の岩壁，なだらかな丘陵地と突出した岩山，そして力強い外観と優しい内部空間，ピティリアーノは私たちに対比の魅力を伝えてくれる。（金子友美）

サンタ・マリア教会脇の壁面に残るレリーフ

外壁と岩壁のつながり(写真提供：棚橋国年彦)

ピティリアーノの山岳都市 [Pitigliano]

所在地：イタリア，トスカーナ州
規模：標高313 m，人口4,000人
数世紀にわたりオルシーニ伯爵領であったこの土地は，中世の都市組織をもち，町中には14〜16世紀の建築物，ルネサンス期に新たに加えられた建物や細かな装飾などが残っている。

2．対比／コントラスト

ラ・トゥーレット修道院
明と暗が織りなす瞑想空間

(写真提供：日色真帆)

　ル・コルビュジエ後期の代表的作品のひとつであるこの建築は，修道院建築にみられる伝統的な中庭型平面を取り入れてはいるが，それを彼自身が提唱した建築形態を構成する基本原理「近代建築の五原則」を持ち込むことによって，新しいかたちで実現しようとしたものである。

　西側に面した丘の斜面に建てられ，全体がほぼ正方形に近いプランで，修道者の宿坊となっている二層の上階をピロティが支えている。このピロティが，斜面の勾配を吸収すると同時に，斜面をそのまま中庭へ導き入れ，その中庭を囲むかたちで下階に食堂，図書室，共用の広間を配置している。

　建物全体は，打放しのコンクリートでほとんど何の飾り気もない質素な造りであるが，五原則の柱である，独立した骨組，自由な平面，自由な立面が，明快な構成をつくり出し，シンプルではあるが豊かな空間を巧みに演出している。そして，五原則のもうひとつである屋上庭園は，外界とは切り離され，修行者が歩きながら瞑想することのできる場を提供している。伝統的な修道院建築を新しい近代建築の理念によるデザイン・ボキャブラリーによって具現化したこの空間の随所に，巧みな演出を見て取

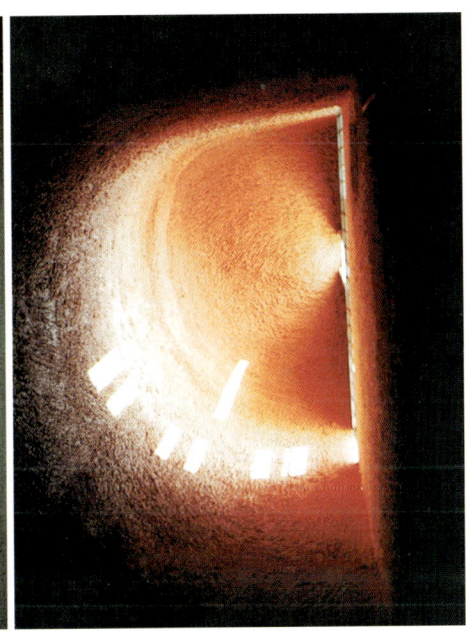

ラ・トゥーレット修道院

ロンシャンの教会においても、光による巧みな演出がなされている。

外からの自然光に表情豊かな変化を与える。
(写真提供：日色真帆)

地上部に突き出した採光部から導かれた光が、礼拝堂内部に厳粛な雰囲気をつくり出している。(写真提供：日色真帆)

簡素な個室が直線的に並ぶ廊下。中庭に面した壁面のちょうど目の高さに設けられた連続窓から光が入る。

2．対比／コントラスト　　31

雑草の生い茂る屋上庭園は，外界から切り離された瞑想の場となる。

ることができる。

　しかし，この建築で特に素晴らしいのは，ロンシャンの教会においても見られるような「光の採り方」の巧みさにある。矩形平面をもつ礼拝堂の内部へは，空間の中心である祭壇の斜め後方に位置するコーナーに，床から天井まで大きく長方形に切り取ったスリットを設け，外からの光を存分に採り入れている。また，地下に設けられた小礼拝堂へは，地上に斜めに突き出した3本の円筒状の採光部から，自然光を内部へと導き入れている。内側を赤・黄・青に塗り分けられた円筒は，祭壇上部の天井の丸いトップライトへと光の束を送り込み，神秘的な薄暗い礼拝堂内部を，明と暗が織りなす厳粛な空間として浮かび上がらせている。

　上層の宿坊は，中庭を取り囲んでコの字形に延びる廊下に沿って，小さな個室が整然と並んでいる。ベッドひとつと小さな机・イスが置かれただけのいたって質素なしつらえではあるが，夜ともなると簡素な中にも修行の場にふさわしい厳粛な雰囲気が一層高まる。また，西側に大きく開けた食堂には，夕食時ともなると西日が一杯に差し込み，周りの豊かな自然と一体となって，瞑想を誘うがごとき雰囲気をいやが上にも醸し出している。

（柳田　武）

ピロティに支えられて斜面に建つ修道院の外観
（写真提供：日色真帆）

ラ・トゥーレット，セントマリー修道院
[Le Couveut de La Tourette]

所在地：フランス，リヨン郊外，ラルプレッスル
建設年代：1957～1960年
用途：修道院
設計者：ル・コルビュジエ

香港
違いの競い合い

ヴィクトリア・ピークからの眺め。手前が香港島で，対岸が九龍半島

　極端さにおいて香港に勝る都市はないだろう。スカイスクレーパーが建築デザインの最先端を競う一方で，色彩豊かな喧騒のマーケットがある。前者は香港島のビジネス地区，中環(Central)が代表である。香港上海銀行(N.フォスター)をはじめ，中国銀行(I.M.ペイ)，P.ルドルフ，C.ペリなどの建築が一度に視界に入ってくる。後者を見るには，九龍半島南端にある繁華街，尖沙咀(Tsim Sha Tsui)と，その北にあるより庶民的な油麻地(Yau Ma Tei)や旺角(Mong Kok)などに行くとよい。露店が道にあふれ，看板が街路上空を横断し，ネオンサインが空を埋め尽くしている。

　香港は，地形の上でも特徴的である。香港島と九龍半島は，幅1.5kmほどの狭いヴィクトリア港を挟んで向かい合っている。さらに香港島は，標高500mを越える急峻な山が海岸に迫っている。そのため，400m弱の高さにあるヴィクトリア・ピークに登ると，海に向かう斜面に高さを競って建つ建築群を眼下に眺められる。

　市街地が実に高密度に展開しているのである。20階前後から，新しいもので30階程度の高層建築が林立する。特に九龍半島は高密で，その中心部はヘクタール当たり1,000人から1,500人と言われている。どの建物も，商店，事務所，住宅が混在し，住宅内工場なども多い。香港島においても，海沿いの大通りと直交する細い坂道周

九龍半島の繁華街,尖沙咀の夜景(左上)／油麻地のナイトマーケット,廟街(Temple St.)(右上)／九龍半島の中でも特に高密度な一街区(左下)／同じ街区の街路風景(右下)

香港島中環地区。N.フォスター設計の香港上海銀行(左)／斜路をすり抜けるエスカレーター。ウォン・カーワイ監督の映画「恋する惑星」の中でも使われている。(中)／スターフェリーで近づく香港島の風景(右)
(＊写真はいずれも返還前の撮影)

辺には，高密度な居住環境が見られる。特に，中環から山の中腹にある高級アパート群までを結ぶエスカレーターは印象的である。これは通勤のための公共交通機関で，古いアパート，市場，屋台，洒落たカフェやバー，骨董品店などの間をすり抜けて行く。職住近接のコンパクトシティの極限は，このような都市なのかもしれない。

1997年6月30日に中国に返還（中国流に言えば回帰）されるまでの約150年間，香港はイギリスの植民地であった。二度のアヘン戦争を経て1842年に香港島，1860年に九龍が割譲され，1898年に新界(サンガイ)が99年間の契約で貸与されたのである。香港は，その「借りた場所，借りた時間」の中で，極端な自由放任政策のもと，中継ぎ貿易から加工貿易，そして国際金融・貿易センターへと急速に発展を遂げた都市である。さらに，第2次大戦前の清，中華民国の時代も，戦後の中国と台湾の狭間の時代も，大陸からの大量の難民や移民を受け入れ，世界中に送り出した移民都市でもある。

この都市では，何もかもが急速に変化し留まることがない。建物もインスタントに造られ，壊される。建築が永続性とは無縁で，むしろ生物に近いのである。その象徴が，英中の権力真空地帯としてスラム化した九龍城砦であった。その魔窟も，今では再開発されて公園となっている。香港自体も中国の一つの特別行政区となったのであり，どこにもない特別な都市という地位は失われ始めている。

(日色真帆)

香港（ホンコン）[Hong Kong]

香港島，九龍半島，新界からなる。香港島のメインストリートはクイーンズ通り，九龍はネイザン通り。1998年，離島のランタオ島にN.フォスター設計で新しい国際空港が開港した。新界には盛んにニュータウン開発がされている。人口630万人で97％が中国人。第2次大戦中は日本軍が占領している。

シンガポール・イルミネーション
季節を彩る光の祝祭性

　赤道まで150kmと熱帯に位置するシンガポールは，1年を通して日中の気温は非常に高い。昼間は，外部を快適に歩行するには日差しが強すぎ，日が暮れかかり暗くなったほうが過ごしやすくなる。外を出歩く人も，夜間のほうが多くみられる。
　シンガポールはその狭い国土を美しく保つため，景観に対して様々な配慮がされている。豊富な街路樹や蔦を這わせた建物ファサードは，緑豊かな景観を形成し，ガーデン・シティーとも称される。一方，その落ち着いた昼間の景観とは異なり，夜間には光による軽やかな空間が現れるようになる。街を彩る光は，建物のライトアップや川沿いの遊歩道など一年を通して灯されるものもあるが，シンガポールに特有なのは，季節ごとの節目に行われるイルミネーションである。
　シンガポールは，中国系，マレー系，インド系を中心とした多民族国家であり，これらの民族に特有の祭りや伝統的な行事がイルミネーションによって盛り上げられている。イスラム教徒の断食明けの祭りであるハリラヤ・プアザでは，マレー系住民の多いゲイラン・セライ地区でライトアップが行われる。中国の旧正月には，チャイナ

シンガポール・イルミネーション

クリスマス・イルミネーション。ストリートに沿った建物が光によって演出される。
(写真提供：矢口哲也)

タウンが伝統的な飾りでイルミネーションされる。

　こうした行事の中でも最も賑やかで大規模なものは，年末から年始に行われるクリスマス・イルミネーションである。この時期シンガポールの中心的な商業地域であるオーチャード・ロードが4km以上に渡って飾り付けられ，光の一大鑑賞空間ができあがる。大通りに面したデパート，ショッピング・センター，ホテルなどは，それぞれ嗜好を凝らした独自の光のデザインを競い合い，毎年開催される「ビルディング・デコレーション・コンテスト」の獲得を目指している。ここではクリスマスツリーや雪の飾り付けなどクリスマスにちなんだ演出のほか，クリスマスと結びつかない自由なデザインも多くみられる。各民族の伝統行事とは関係が薄いクリスマスだからこそ，多様な発想による華やかなデコレーションが演出されるものと思われる。

　光による屋外空間の演出は，夜間の時間帯だけ行われる一過性のものである。またイベントのイルミネーションは，一年の中でも限られた期間しか行われず，同じイルミネーションは年ごとに繰り返されるものではない。建物の形態や外壁の色彩などで

2．対比／コントラスト　　37

構成される昼間の街路景観は，いったん形成されるとそれを変えることは困難であるのに対し，光によって装飾することは仮設的であり，また表層的である。表層的でいつでも変えられるということが，恒常的な景観では許されないような派手な色彩や刺激的な光線による自由なデザインを許し，またそうした光を楽しめることになるのであろう。シンガポールの華やかな光を見ていると，昼間の落ち着いた景観の中に蓄積されたエネルギーが楽しく発散しているように見える。　　　　　　（小林茂雄）

中国の旧正月を祝うイルミネーション。干支にちなんだ装飾が施される。

マーライオンのライトアップ

シンガポール・イルミネーション
[Singapore Illumination]

マレー半島最南端の島。1965年マレーシアから分離独立。独立以来，一貫して緑化政策が続けられ，ガーデン・シティー（庭園都市）とも呼ばれる。街の美観を損ねる行為に対して様々な規制が設けられている。イルミネーションは，各民族の最も重要な4つのイベントにちなんだ場所で行われている。

連続/リズムには，時間にかかわるものと空間（とそれを構成する部材）にかかわるものがある。音楽におけるリズムはメロディー，ハーモニーとともに主要な三要素である。リズムは音の長短と強弱によって音の時間的な進行に秩序を与えるものである。
　連続した空間の中で感じる生命感，リズミカルに繰り返される要素から受ける心地良い律動感は，人間が生きていると感じる時間の連続性，心臓の鼓動に代表される時間の一定のリズムと無縁ではないように思われる。

3 連続/リズム

　リズムは構成要素の規則的，周期的な繰り返しによって生ずる。その結果，リズムのあるものは連続したものとなる。一方，連続的なもののすべてにリズムがあるとは限らない。すなわち，リズムは連続性の具現化の一例であると言える。
　リズムを構成する要素には，小さなディテールから柱・屋根，都市を構成する建物などの大きなものまである。また，繰り返しの規則は，形の間隔の正確な繰り返しから，漠然とリズムを感じさせるものまで多様である。
　建築・都市空間で感じられる連続性は，二種類に分類できる。一つは人間の移動にともなう時間の経過の連続性と内外空間のつながりや吹き抜けで感じる視線の連続性である。今一つの分類は，ファサードに見られる2次元的連続，街並みに見られる2.5次元（2次元の断面を軌道に沿って引き伸ばしたスイープ）的連続，内外空間が流動する3次元的連続である。連続性が感じられる対象には都市空間，建築の内外空間，建物のスカイラインやファサードなどがある。また，建築空間では水平と垂直の連続性がある。

（安原治機）

ベルン旧市街
重厚な柱列が綴る歴史の街並み

ベルン旧市街

　夕刻，ニィデック橋を渡って東の方からベルンの歴史地区に入ると，逆光に煙るように包み込まれ，彫りの深い表情をひそかににじませた街並みが，前方に緩やかに上っていき，ただものではない空間に身をおいていることを実感する。そして翌朝，澄んだ朝日の順光に照らされた街路は，この古い街の魅力の真髄をあらわにして，私たちの目の前に立ち現れるのである。

　アルプスから流れ下る清冽な水を運ぶアーレ川が，見事なU字形を描いて屈曲するその地点，防衛上きわめて恵まれた地形の土地に，ベルン旧市街は立地している。地区の形状は，馬の背状の断面と半島状の平面に特徴がある。12世紀末に，半島の舌端部に最初の都市が建設されて以来，半島の付け根にあたる西の方向に拡大を続け，18世紀までかけて現在の市街地が形成された。

　したがって，都市の骨格は明瞭で，メインストリートを真ん中に，東西の5本の街路でできている。さらに，メインストリートは，時計塔と牢獄塔という2本の街路上に立つ塔によって，見事に分節されており，街路はあたかも広場のような内包感をもつ。また街路上には，ひとつひとつ個性的な彫刻をのせた11台の噴水が設けられ，街に豊かな表情を与えている。

　アーレ川沿いの斜面を覆う豊かな緑，深く流れる川をはさんだ立体感にあふれる相互の眺望，明瞭な構成をもつ街並みや甍の連続，街を彩る彫刻噴水やベランダの花ばな，天気がよければ望むことができるスイスアルプスの素晴らしい景観，こうした要素は，それぞれベルンの魅力を語るのに欠かせないものではあるが，それがすべてではない。もう一つ，この市街地の最大の特色といえるものが，ラウベ

時計塔で区切られた，広場のようなクラム通り

アーレ川に囲まれた緑豊かな旧市街周辺

3．連続／リズム

重厚感あふれる柱列がつくるラウベン　　　　ラウベンの内部

ン（Lauben）と呼ばれる回廊の存在である。

　この回廊は，旧市街のはずれからベルン中央駅まで，3本の街路に連続的に設けられており，全長で6kmにも及ぶ全天候型の歩道である。街路に沿ってきれいに壁面線をそろえた4〜5階建の建築の，1階部分の街路側はアーケードになっていて，柱だけが立ち並んでいる。この柱列が，下にいくほど街路側に迫り出し，その太さと相まって，街並みにえも言われぬ重厚感を醸し出しているのである。

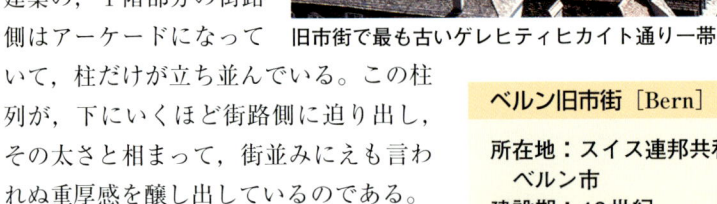

（土肥博至）

旧市街で最も古いゲレヒティヒカイト通り一帯

ベルン旧市街［Bern］

所在地：スイス連邦共和国，ベルン州，ベルン市
建設期：12世紀〜
建設者：ツェーリンゲン公ベルヒトルト5世
人口：約14万人（ベルン市全体）
世界文化遺産登録：1983年

アルマグロのマヨール広場
緑色のファサードに囲まれた広場

連続するファサード(上)／広場全景，正面は市庁舎(下)

　マヨール（mayor）とは，英語のmajor（主要な，より大きい）の意味で，スペインの多くの都市にマヨール広場という名称が存在する。その起源は共同墓地説などがあるが，多くは不明である。しかし，周囲の街路に影響されない平面形態や統一されたファサードからは，明らかに計画性を読み取ることができるのである。

ファサードの緑は公園の緑と連続する。

　マヨール広場の平面形態は，有名なマドリッドやサラマンカに代表される整えられた矩形のものと，少し歪んだ形をしたものがある。大きさも様々だが，広場に面するファサードは，多くの場合統一されており，1階部分はポルティコになっている場合が多い。ヨーロッパの多くの都市広場には，市庁舎や教会が隣接あるいは内包され，冠婚葬祭をはじめ，儀式や行政行事にも使用されている。建築物を中心とした平面配置をもつ広場も多い。しかしマヨール広場の場合は，市庁舎も連続するファサードの一部となって組み込まれていたり，非常に控えめな建築物であったりすることが多い。

　ここアルマグロのマヨール広場は，東西に細長い形状をしており，広場東面に市庁舎がある。通常このような空間構成の場合，市庁舎の建物はアイストップと

人間味のあるファサードと，広場に張り出したカフェ（写真提供：芦川智）

アルマグロのマヨール広場

して私たちに印象づけられるのであろうが，この場合，何よりもまず一番の印象を与えるのは広場の南北面，緑色の窓枠の連続するファサードである。長さ120mほど，1階はポルティコになっており，2階と3階は一様に緑色に塗装された窓枠が連続する。窓枠以外のわずかな壁面は白色に塗られ，結果，緑色と白色の帯が水平方向の連続を強調するようなデザインが創り出されている。緑色のファサードは広場の2面だけだが，その水平性を強調したデザインから実際の長さ以上の連続感をもたせる。市庁舎の反対側，つまり広場の西側には植栽豊かな公園があり，ファサードの緑と公園の緑が連続して，広場は非常に細長い空間であるにもかかわらず囲われ感がある。

　この広場空間の魅力としてもう一つあげられるのが，人間味のあるディテールである。緑色の連続する建物の1階は石造だが，2階・3階は木造である。1階の柱のエンタシス，それらの柱が支える太い木製の梁，またポルティコの軒下に入ると，2階床の梁がそのまま露出している。少したわんだ木製の梁や軒のうねりが，どことなく職人の手作業を感じさせてくれる。統一され緊張したデザインのなかにも，どこか親しみを感じる空間である。

(金子友美)

ポルティコの内側，1階は石造である。(左)／広場に面する1階は商店が多い。(右上)

アルマグロのマヨール広場
[Plaza Mayor (Almagro)]

所在地：スペイン，カスティーリャ＝ラ・マンチャ地方南部シウダー・レアル県
規模：約40m×120m
アルマグロは，13世紀から15世紀末まで，カラトゥラバ騎士団長たちの本拠地だった(同騎士団は1158年に結成された宗教騎士団でレコンキスタにおいてアラブ軍と戦った)。このマヨール広場で昔は闘牛や騎馬槍試合が行われたという。現在は広場に面する建物の1階は，ほとんどがカフェや土産物の売店である。

3．連続／リズム

吹屋
朱に彩られた街並み

　岡山県西北部の吉備高原の山中にある山郷の街である。平安の昔から日本最古の銅山として知られ，弁柄(べんがら)の日本唯一の特産地として栄えたところでもあり，ほかの歴史的街並みにはない印象深い独自の雰囲気の街並みをつくっている。

　天神山から吹屋を望むと，幾重にも重なる山地の中のくぼみに街並みがつくられている。吹屋へ向かい木々の中の曲がりくねった道を登ると，視野が開け，目前に連続した赤茶色の甍が展開し，朱に染まっている街の様子は，誰もが一瞬息をのむほどの感銘を与える。暖色系で統一された淡い色合いは，色彩の統一されたヨーロッパの街並みを見ているかのようである。

　この朱色の屋根瓦は石州瓦といい，釉のかかった赤褐色の瓦である。石州瓦の特色は，その「色」である。遠景で見ると赤茶色だが，その一枚一枚は，赤に近いもの，黒に近いもの，茶色のものから黄色のものまであり，窯変による様々な色合いの変化が，四季折々の光の中で微妙な色調の変化"ゆらぎ"をつくり，一段と趣きを醸し出している。

吹屋

　妻入りの街並みは，土壁や柱・格子の木部も赤く，屋根と壁面，街全体が朱色に染まっている。この壁面の朱は弁柄でつくられた壁である。弁柄は硫化鉄鋼を原料とする赤色顔料で，混ぜる弁柄の量や質により色彩が変わる。そのため家々により色彩の濃淡があり，木部は現在ほとんど地の色となっている家が多いが，これがまた街の雰囲気に深みを感じさせる。さらに弁柄までの中間的な黄土を塗った黄色いもの，山土のままのような薄茶色のもの，白漆喰，黒漆喰塗りのものが混在し，同一の色合いの中で明るさや鮮やかさのトーンの変化で，街全体がカラーコーディネートされ，統一感とリズム感を与えている。

　吹屋の街並み景観の遠景が，瓦の

天神山を望む街並み（写真提供：積田洋）

朱で統一されている街並みと様々な色合いをもつ石州瓦

3．連続／リズム

緩やかなカーブをもつ街並み（写真提供：積田洋）

独特な意匠を凝らした"なまこ壁"（写真提供：積田洋）

弁柄格子の平入りの家屋（写真提供：積田洋）

持つ色合いの変化により特徴づけられるとすれば，近景を特徴づける要素は，道に面した妻入りの母屋の連続である。街全体が緩やかな勾配をもち，そこからつくられる屋根の高さの変化が，街並みに心地よいゆらぎのリズムと連続性を与えている。また，2階にも格子をびっしりとはめ込んだ棟の高い壮大な入母屋の妻入りは，吹屋独特のものである。一般的に日本の町屋は，平入りで水平線を強調しているが，ヨーロッパは逆に垂直線を強調している。吹屋の街並みは，ヨーロッパ的な雰囲気と通じるものがある。また，形態的な特徴とともに，その素材の構成も独特なものをもっている。

（恒松良純）

吹屋

岡山県の中央部，標高400〜500ｍの高原地帯にある。この地方は，瀬戸内地方より夏の気温・湿度が低く過ごしやすく，古代より集落が存在していた。延長8年（930）『倭名鈔』に，備中国下道郡の一つとして，吹屋の属する川辺郡は記されているが，独立した郡ではなく，分離独立するのは平安後期から鎌倉時代とされる。鉱物資源の開発は，建仁2年（1201）から伊勢内宮に納めた記録があり，独立と同時期に活発になっていった。

吉備津神社
どこまでも続く長い回廊

　吉備津神社は，まったく異なる見所を二つもっている。一つは国宝の本殿と拝殿である。その独特の建築様式から「吉備津造り(比翼入母屋造り)」と呼ばれている。今一つは，地形に沿って長く真っすぐに続く不思議な回廊である。

　現在，この回廊は途中にある釜殿やえびす宮，三社宮，突当りを左に曲がると本宮社など，多くの末社をクラスター状につなぐだけのものである。本殿に参拝した人の多くは，入母屋破風を前後に連結した檜皮葺き大屋根の全景を見るために，左方の広場へと進む。このため，本殿の右方から始まる回廊を歩く人はそれほど多くはない。

　では，この回廊の本来の用途は，何だったのだろうか。

回廊の途中にある南随神門の基壇から見下ろした，たるみ曲線を思わせる屋根のスカイライン。

南随神門から斜面に沿って下る回廊を見る。(上)(写真提供：福井通)
傾斜を下りたところから宮内方向を見る。(下)(写真提供：土肥博至)

　旧山陽道から真っすぐ伸びる表参道（現存するが，途中国道と吉備線が横切っている）を来た参詣者は，石段を登り北随神門（表門）をくぐって本殿に参拝する。その後，本殿の右後横にある南随神門（裏門）が途中にある回廊を下り，突当りを右に曲がるとすぐ門前町である宮内に抜ける。宮内には，神領を管理した社務所があった。現在でも当時を忍ばせる立派な旧社務所の門が，回廊を出た目前にある。宮内には"廓"や料亭が置かれ，江戸時代には歌舞伎，能，人形芝居，相撲，見世物などの興業が行われた。一説によると，この回廊は，聖から俗への仕掛けといわれている。

本殿と拝殿

　神社の方から聞いた話では、もっと古い時代には、回廊は宮内の南に接する川入まで伸びており、地名のようにそこまで船できて、回廊を通って神社へ参詣したとのこと。また、吉備津の"津"は、水と関連する語であり、吉備津神社へのアプローチが水と関連することもうなずける。

　回廊の用途がなんであれ、この回廊は美しく、また歩いていて心地よい。地形に沿って緩く下がっていく時、左側は登り斜面に生える神社の杜の木々、右側は木々の間から見え隠れする開放的な田園風景、リズミカルに繰り返す列柱と梁は、生命の鼓動を感じさせる。回廊の屋根も見所の一つである。回廊の途中にある南随神門の基壇から見下ろした、たるみ曲線を思わせる屋根のスカイラインは実に美しい。　　　　　　　　（安原治機）

地形に沿って伸びる回廊。南随神門の先にも回廊は続いている。

吉備津神社
所在地：岡山市吉備津
年代：仁徳期創建と伝えられているが、現在の本殿と拝殿は1425年、回廊は1578年に再建されたもの。
規模：本殿260 m²、拝殿80 m²、回廊は全長約360 m。

3．連続／リズム

ポンテ・ヴェッキオ
街をつなぐ橋上の空間

アルノ川の両岸を連結するヴェッキオ橋（写真提供：イタリア政府観光局（E.N.I.T））

　「フロレンティア」と呼ばれた古代ローマの植民都市フィレンツェの起源は，紀元前1世紀までさかのぼる。街は，四方を丘陵に囲まれた盆地のなかを流れるアルノ川右岸より発展したが，中世末期に新しい3本の橋が架けられてからは，アルノ川を越えて左岸のオルトラルノ地区にまで広がり，1258年には，これらの市街地を包囲する2番目の市壁が建設された。なかでも「ポンテ・ヴェッキオ」は，アルノ川の川床の最も狭くなった場所に架けられたフィレンツェ最古の橋であり，1218年以来，上流の「ポンテ・ルバコンテ」や下流の「ポンテ・デッラ・カッライア」と区別するため，特別に「古い橋」と呼ばれ，フィレンツェの都市計画上重要な役割を担ってきた。

　今日の橋は再建された3代目だが，フィレンツェの都市空間を彩るシンボルになっており，プッチーニのオペラ「ジャンニ・スキッキ」のアリア「わたしのおとうさん」や，ヘンリー・ホリディーによる絵画「ダンテとベアトリーチェ」，さらにはロベルト・ロッセリーニ監督の映画「戦火のかなた」などの舞台として，たびたび登場している。

　中世ヨーロッパでは，橋の上に住居や商店が立ち並ぶ事例は珍しくなく，「居住橋（Inhabited bridge）」と呼ばれた。都市の熟度が社会的・政治的・経済的に高くなる

ポンテ・ヴェッキオ

居住橋・ヴェッキオ橋。ヴェンヴェヌート・チェッリーニの胸像のある中央部で商店の列が途切れる。(上)
フィレンツェ最古のヴェッキオ橋。最上部が「ヴァザーリの回廊」(中)(写具提供：芦川智)
ヴェッキ宮とウフィツィ宮とを結ぶ空中通路である「ヴァザーリの回廊」(下)

ヴェッキオ橋上の店舗群(左)(写真提供：土肥博至)
店舗のファサード(右)(写真提供：イタリア政府観光局（E.N.I.T）)

にしたがい，橋は二分された新旧両地区を有機的に結合する重要な構成要素となり，次第に商業地化し商品警護のため居住機能を備えるようになる。居住橋は11,12世紀に出現し，16世紀末期に全盛期を迎え，18世紀には終止符が打たれた。中世の「ポンテ・ヴェッキオ」もまた，橋上に住居と塔，野菜・魚・肉市場，革なめし職人の工房などに加え教会まで設置され，居住・商業・産業・軍事・宗教などさまざまな重要な機能を有していた。現在でも，フィレンツェ金銀細工師の父と崇められているヴェンヴェヌート・チェッリーニの胸像のある橋の中央部では商店の列が途切れているが，ここからなめし工程のためにアルノ川に革を浸したり，不要な野菜や臓物を捨てていたという。

　初代トスカーナ大公コジモ1世は，刺客に遭わずに執務室と住居を往復でき，市井の街路を通らず教会にも行ける安全な専用連絡通路の建設を切望した。1565年，その命を受けたジョルジョ・ヴァザーリの指揮のもとに橋は改築された。執務空間のヴェッキオ宮，ウフィツィ宮とアルノ川対岸の居住空間のピッティ宮を橋上片側の連絡通路でつなぐ1km以上にも及ぶ「ヴァザーリの回廊」が，わずか5カ月の工期で実現し，いよいよ都市計画上の枢機軸が確立するのである。そして，1593年に大公フェルディナンド1世が，この回廊から橋を見下ろして橋上の店舗の不衛生と悪臭に驚き，それまでの商人を立ち退かせ，新たに金銀細工商や両替商などの高価な商品を扱う店舗との入替えを命じてから，この橋は「汚濁の橋」から「黄金の橋」へと変身し，今日では貴金属店が立ち並ぶ世界唯一の橋として広く知られ，賑わいをみせている。
　　　　　　　　　　　（三浦金作）

ポンテ・ヴェッキオ ［Ponte Vecchio］

所在地：イタリア，フィレンツェ
建設年代：今日の橋は1345年に建設された3代目の橋
用途：橋
設計者：不明（橋上の「ヴァザーリの回廊」は，1565年にジョルジョ・ヴァザーリの指揮のもとに建設された）。

グッケンハイム美術館
螺旋の鑑賞空間

タータングリッド模様の建物が背景になっている。

　この建物は，ニューヨーク市の格子状の街路パターンに対して円形平面であり，形がカタツムリ，あるいは横にしたヨーヨーのようだ。しかし，見た目にはとりわけ目立つわけではなく，異様な感じや他の建物を圧倒している感じもない。白色に近いベージュの渦を巻いた壁面は，もともとそこに存在した自然物のように，周囲の建物の色彩や窓などの壁面造形のスケールと違和感のないものとなっている。外観はライトが提唱してきた有機的な建築と言ってもいいだろう。

円形のわりには自然なたたずまいである。

3．連続／リズム

ロビーは天窓を通して上空へと連続する。(上)／床の模様も次なる空間への演出である。(下)

　ライトは，入口の空間を絞り込み内部の空間の大きさを際立たせる手法をよく使っているが，この建物もその一例である。また，エントランスの床は真鍮の円形模様が美しく，入館者の視線を下に向けさせる。いずれも次なる空間への導入手法であり，ロビーの大きさや意外性を強調する演出である。

　ロビーは光に満ちた大きな螺旋上昇空間である。周囲を斜路でコイルのように取り巻かれ，最上部は天窓を透して空まで連続した吹抜けである。外観は上部に広がる螺旋形であるが，内部は斜路がだんだん迫り出している。来館者はここで，建物のほぼ全容を知ることができる。見た目の構造は単純で，見学において迷うことはない。

　下から見上げる人がいれば，逆に斜路の手すりから下を覗き込む人もいる。中空の空間の直径は20mほどであり，手すりにもたれ掛かっている人々は，視線を感じたり誰なのか識別できる距離である。斜路は展示空間となっており，中央の吹抜け空間を通して，向こうの通路に展示された美術品を感じることもできる。

　螺旋状の展示空間には，途中で細長い水平な空間が貫入している。吹抜け部分が上方に開かれた空間であり，貫入空間

斜路の展示空間は上部で迫り出している。(上)／人と美術品，人と人との視線が交錯する。(下)

は周囲の窓を通して水平方向に大きく開放された空間である。この部分は，後ろから急がされるような斜路空間に対して，落ち着いた気持ちで美術品を鑑賞できる空間である。

　来館者の動線は，まずエレベーターで最上部に上がって，それから斜路をだんだん下りながら美術品を鑑賞するという順序である。そこで，この建物に対して機能面では有機的ではないという批判が生じる。空間は昇って行くことにより高揚感を得るものであり，下がりながらの見学はおかしい，斜路でありかつ壁が円形であるために展示物がうまく収まらない，展示に対して引きが十分とれない，といったものである。理由はともかく，実際に見学した人が満足することが重要ではないだろうか。　　　　（松本直司）

ソロモン.R.グッケンハイム美術館
[Solomon R.Guggenheim Museum]

所在地：ニューヨーク
年代：1942～1956年
用途：美術館
規模：地下1階，地上6階建
設計者：フランク・ロイド・ライト

3．連続／リズム

バルセロナ・パビリオン
優雅に流動する空間

パビリオンの遠景(上)／建物と平行している基壇に上がる階段を見る。壁と屋根スラブの構成が美しい。(中)／よく見かける有名なアングルである。(下)

今や建築に携わる人以外にも知られるようになり，団体観光客や修学旅行生でにぎわうガウディの建築があるバルセロナに，近代建築の名作が設計者の生誕100年を記念して1986年に復元された。

　建設当時の名称は"バルセロナ万国博覧会ドイツ館"，現在，当館にあるパンフレットでは"ミース・ファン・デル・ローエ・パビリオン"である。万博が開催された場所は，バルセロナの中心カタロニア広場の西方，モントゥユイック山の北山麓にあり，エスパニア広場からマリア・クリスティーナ大通りを経てナショナル宮殿の手前までである。大通りを突き当たり，階段を上がった所に大噴水がある。その右手奥に目指す建物はある。

　パビリオンは建設当時の場所に復元されているが，その手前がどのようになっていたかは明らかではない。現在は広場となっており未整備であるが，左右に長い建物の全景を見るに十分な引きを与えている。水平に薄く（200mm）軽やかに伸びる長短2枚の屋根，屋根と独立した4枚の壁（左の長短2枚の壁はトラバーチン，右の2枚の壁は緑色ティニアン大理石），屋根の架かっていない長い壁の足元にあるベンチとそれを支える架台によってできる陰影のリ

入口から池越しにアイストップとなる壁と事務所棟を見る。（上）／縞瑪瑙の壁を中心とした展示ホール。バルセロナチェアとゲオルグ・コルベによる女性の彫像が見える。（中）／縞瑪瑙の壁，緑色ティニアン大理石，ガラスの壁面の構成。縞瑪瑙の壁の前には国王の黄金勅書が乗せられた机とスツールがあったが，今はスツールだけが置かれている。（下）

ズム，ガラスの内側に下げられた深紅のカーテンがまず目を引く。

　パビリオンへは，基壇をカットした建物と平行する階段を上がる。ミースは建物を基壇の上に置く古典的な手法をたびたび用いるが，正面からのアプローチでないことが親しみやすさを与えている。

光る壁を見る。左が入口。縞瑪瑙の壁の向こうに外の緑が見える。

階段を上がると，大きな池が目の前に広がり，その向こうにアイストップとなる壁が見える。右へ曲がると，緑色ティニアン大理石壁と，それとは独立して立つクロームメッキ鋼板の巻かれた十字柱が目に入る。壁に沿って右方向に進むと，入口の扉（図面にはあったが建設時にはなかった）がある。

　入ると正面はガラスの壁面で，その手前に有名なバルセロナチェアが2脚置かれている。ガラスの背面は三方壁で囲まれているが，屋根がないために明るく，視線を引きつける。ガラスの向こう側，左前方に唯一の展示物，ゲオルグ・コルベによる女性の彫像が見える。その手前には，この建物を構成する壁のなかで，質的に最も重要な縞瑪瑙の壁があり，展示空間はこの壁を中心に案分され構成されている。

　正面のガラス壁面は左右の壁から独立しており，その間を通ってガラス壁面の向こう側に抜け，池に沿って彫刻に近づく。彫刻を背に振り返ったとき，この建物の最も特徴的な空間構成が一望できる。左に縞瑪瑙の壁，その向こうに光る壁，その壁と垂直な緑色のガラス壁，右側の緑色ティニアン大理石壁はすぐに切れて，その先には自然の緑が見える。視線の中央には，事務所棟へ続く長い壁面が空間に強い方向性を与えており，その流れを事務所棟と一体となった壁が受け止めている。

　長い壁に導かれて池に沿って歩き，事務所棟の前で振り返ったとき，この建物の屋根と壁の構成がはっきりとわかる。屋根スラブと壁の噛み込みがなく（屋根のない壁上部に笠木がない），壁が屋根の下で自由に自立しているように見える。　（安原治機）

事務所棟から展示棟を見る。屋根スラブと壁の構成がわかる。遠くに彫像が見える。

バルセロナ・パビリオン
[Barcelona Pavilion]

所在地：スペイン，バルセロナ
年代：1929年（1986年復元）
用途：万国博覧会パビリオン
構造：鉄骨造（復元では屋根スラブは軽量コンクリート）
設計者：ミース・ファン・デル・ローエ

4 転換/コンバート

演劇での舞台転換は，場所や時間を超え，瞬時に空間の雰囲気を一変させる。ここで扱う「転換」もまた，時間とともに刻々と変化する建築や都市空間の中で，舞台転換のように，空間のあり様を短時間あるいは一時的に，劇的に変化・出現させるもので，三つの転換の様態を取り上げている。

一つは，日常の生活の中で，祭りや儀礼などの催事に，ケ(褻)の空間がハレ(晴)の空間へと変容する転換である。黒川能のようなその場の状況に即して，仮設的あるいは装置的に空間を演出するものである。

また計画の段階から，意図的に操作的に，転換を企てる空間がある。劇場の空間である。日常の生活を離れ，自ら欲して非日常の空間に臨む。空想の世界にいざなう空間性を演出した，設えられた空間である。

さらに日常的な場の設えが，人々が集うことによって，時としてあるいは偶発的に，華やかなアクティビティのある空間に転換するものがある。都市の広場である。

転換には，日常生活のリズムや節目に潤いを与える，ダイナミックで巧みな演出が見られ，昂揚した雰囲気を創出させる空間の魅力がある。

(積田 洋)

黒川能
祭りに結晶するコスモロジー

春日神社における上座の能（演目：難波）

つい数日前まで何の変哲もなかった住宅が，突然内部の間仕切り壁（場合によっては外壁の一部も）が取り払われ，天井板が外され，床の畳も上げられて，一夜のうちに能舞台が出現する。黒川能の最も真髄をなしている当屋(とや)の能は，年に一度だけ，こうして転換された当人(とうにん)の住宅で，2月1日の夜を徹して舞われる。村の鎮守様である春日神社の最大の祭り，王祇祭の初日のことである。

当日の夕方まで，能座の人たちは当屋での舞台づくりに忙しく働く。一方，その他の地元の人たちや親戚縁者の参会者たちは，脇当屋の家で振舞を受けている。6時頃，5, 6歳の幼児が演じる大地踏みを皮切りに，式三番に続いて能五番，狂言四番が演能される。黒川には，演能組織である能座が2つあることが特色で，上座と下座と呼ばれるが，当屋はそれぞれにあり，同じ構成の演能（演目は異なるが）が同時進行で二箇所で行われているのである。

当屋での演能が始まると，舞台を取り囲むように，三方の客席は足の置き場もないほどぎっしりと観客が席を占める。舞台を囲んで一貫目蝋燭の灯りが置かれ，やや薄暗い空間に能役者の姿が浮かび上がる。役者は，舞い手も囃子方も地謡衆もすべて村の人たちで，幼児から青年，壮年，老年まで，幅広い年齢層にまたがっており，今夜は誰にとっても晴れの舞台である。演能が中盤にかかるのはもう深夜で，何ともいえない独特の空気が座を支配し始める。時間と空間，演じる人と見る人，歴史と現在，神の存在と人間の業などが渾然と一体化し，そこに居ることであたかも一つの宇宙に溶け込む感覚を味わう。

日常の居間の場所に舞台が

王祇祭初日の当屋の観客席（左奥，王祇様の下が上座の当人）
（写真提供：伊藤真市）

春日神社の拝殿（舞台）周囲に置かれる一貫目蝋燭

王祇祭当日，春日神社参道の入口に立てられる幟

春日神社舞台における大地踏み（御神体王祇様が開かれる）
（写真提供：伊藤真市）

設けられ，座敷が観客席，台所が舞台裏，橋掛りはその家のつくりによって真横，真後ろ，斜めなどさまざまの形式になる。しかし，当屋での舞いは両座とも，舞台に向かって左手から登場する本手舞いである。通常，居間には仏壇が置かれ，その上部に神棚があるが，能の日には仏壇は移動され，その場所に御神体である王祇様が置かれ，その下に当人が座る。人と仏と神との関係を明瞭に読み取ることができる。

　遅くとも16世紀に上方から伝えられて以来，四百数十年の歴史をもち，その間中央での能の発達とは異なる道を歩いてきたといわれる黒川の能は，能組織，伝承方法，演目，舞い方，能役者，能舞台のどれをとっても独自のものをもっている。

　王祇祭二日目には，舞台を春日神社の拝殿に移して奉能されるが，ここではじめて上下両座の競演の形式がとられ，下座は右手から登場し，有名な逆勝手の舞いが舞われるのである。そのために春日神社の拝殿は，左右対称の両橋掛りという特殊な形式の能舞台としてつくられている。

（土肥博至）

上座当屋における演能　（写真提供：伊藤真市）

黒川能

所在地：山形県東田川郡櫛引町大字黒川
指定：重要無形民俗文化財（全体），重要文化財（能装束：小袖一領，狩衣二領）
奉納能：春日神社（王祇祭2/1～2，祈年祭3/23，例大祭5/3，新嘗祭11/23），羽黒山神社（花祭7/15），荘内神社（例大祭8/15）
連絡先：櫛引町教育委員会内「黒川能保存会」

グローブ座
舞台と観客が一体となってつくる演劇の空間

ぎっしり人の入ったグローブ座は，単なる演劇空間を超えた魅力的なハレの場となり，訪れる人々を感動させる。

　「ロミオとジュリエット」「マクベス」など，シェークスピアの傑作の大半が演じられた劇場として名高いグローブ座は，1599年に建設され，1613年に焼失した。その後，1614年に再建されたが，1644年にピューリタン革命で破壊された。その当時，貴族から庶民，さらに演劇を敵視していたピューリタンまでをも熱狂の渦に巻き込んだといわれるシェークスピア世界を表現する劇場が，1997年テムズ川南岸に初代グローブ座の復元という形で再生され，ほぼ400年ぶりにその姿を現した。

　オーク材の架構と草葺き屋根，漆喰壁といった素朴な外観からは，その歴史性こそ感じさせるものの，その中に人を引きつけて止まない演劇空間を内包しているなどとは想像しがたい。

　客席の間を通る入口から平土間に出て，人気のない円形の劇場を見回すと，木質感

4．転換／コンバート　　65

舞台上の天井面には，占星術の絵が描かれている。奈落の地獄とこの天国との葛藤が，悲劇や喜劇の場を演出する。(左)(写真提供：積田洋)

きらびやかな装飾が目を楽しませてくれる。平土間は立って観劇するためもあって，舞台の高さは現代の劇場よりきわめて高い。(右)

青天井から入り込む光。自然の演出が，芝居の原点がどこにあるのかを思い起こさせてくれる。(下)(写真提供：積田洋)

が落ち着きと親しみを与え，舞台上の屋根より高く重なった桟敷席と青天井から入り込む天光が，空間としての密度の高さと開放感を与えている。同時に，素朴な木構造や舞台を取り囲む桟敷席は，わが国のかつての歌舞伎小屋を彷彿させる。また，当時の優れた技術の一つである大理石に見せるオーク材の柱の装飾，金箔を貼ったコリント式の柱頭や舞台上の天井面にある占星術の絵など，舞台や舞台回りの装飾が時代や民族性を感じさせる。

　いざ芝居が始まると，この空間に人による演出が加わり，劇的な世界へと転換する。

人で埋まった平土間と人の壁となった三層に重なる桟敷席は，どの位置からも他の観客が芝居を見て興奮している表情がうかがえ，観客どうしが緊密に意識でき，観劇する空間を共有しているという一体感を醸し出す。

ストーリーはもとより，スペクタクルな演技，舞台の装飾や俳優のコスチュームなど，シェークスピア演劇は観客を楽しませる。観客は，平土間では役者の迫真の演技を立ったまま体全体で受け止め，囲まれた桟敷席からは身を乗り出して舞台を見つめる。逆に，役者にも観客の熱気が集中する。この空間は，演技者と観客が一体となって織りなす，他では味わえない躍動感あふれる魅力的な空間となり，整然と演劇を見ることに慣れたわれわれの心を興奮させる。このような，

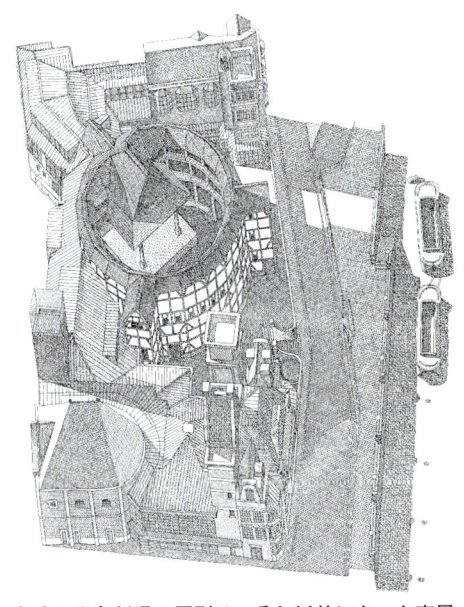

当時の公衆劇場の原型は，それ以前にあった宿屋の中庭を取り囲んで観劇するイン・シアターや，闘犬や熊の咬み合い等の見世物をする闘技場などを合わせ考えたものといわれる。

一体感や躍動感をもった劇場の雰囲気が，かつて人々を魅了したシェークスピア演劇の魅力の一翼を担っていたといっても過言ではないであろう。

舞台を囲む円形の桟敷席や立ち見の平土間を持つこの劇場建築は，観客や装飾を付けた演技者といった人間を，空間を演出する要素に仕立て上げ，その場所に居る人々を魅了する。

（浦部智義）

オーク材を用いた架構に草葺きの屋根，漆喰で塗られた壁といった歴史性を感じる外観は，エリザベス朝時代を偲ばせる。

グローブ座［The Globe Theatre］

所在地：ロンドン，バンクサイド
建設年：1997年
用途：劇場

俳優であり演出家でもあるサム・ワナメイカーの30年にも及ぶ不断の熱意を受け，1599年に建てられた初代グローブ座の位置から約200〜300ヤードの場所に，1997年新しいグローブ座は再生された。この再生計画では，テオ・クロスビーを中心とするデザイングループ「ペンタグラム」が設計に当たった。

マラケシュのジャマ・エル・フナ広場
色と音と臭いと埃のアラベスク

日中のフナ広場。人々が三々五々集まる。(写真提供：金子友美)

　マラケシュは赤い街である。鉄分を含んだ土は赤く，土に石灰を混ぜて塗られた建物の壁も赤い。メディナ（旧市街）を取り囲んでいる10kmにも及ぶ城壁も赤い。アトラス山脈から地下水路を引いて平地につくられたため，遠くから眺めると，連なる城壁とモスクの塔であるミナレットが，椰子林に赤く浮かび上がるようである。

　この赤い街の中に，さまざまな色彩が行き交う。男のジュラバ（フードの付いた長衣）も女のまとうハイクも，そして肌の色までさまざまである。ここは，もともと南部のベルベル人の興した街であり，アトラスを越えて南のサハラ，さらに南のブラックアメリカに通じる隊商路の基点なのである。

　色彩の多様さだけではない。エリアス・カネッティが『マラケシュの声』で形容した「聴覚上のアラベスク」も，そして多様な臭いと煙と埃もマラケシュの特徴である。それらすべてを混沌と集めているのが，ジャマ・エル・フナ広場である。メディナの中央，クトゥビアモスクのそびえ立つミナレットの近くに広場はある。

マラケシュのジャマ・エル・フナ広場

夜の広場全景。三角形の広場の周囲を屋台が取り囲み，中でパフォーマンスが繰り返される。

　一日は，ミナレットから流れる早朝のアザーン（礼拝の呼びかけ）とともに始まる。午前中から，オレンジを売る屋台が並び，香辛料の商人，薬売り，金物屋，床屋，代筆業などが商売をし，革袋と金属のカップを下げた水売り（ゲラブ）が行き交う。夕暮れからは一段と喧騒が増していく。ヘビ使い，火吹き男，曲芸師，笛や打楽器を伴奏に歌う楽師，ゲンブリやリュートといった弦楽器をかき鳴らす楽師，古代ギニア人の末裔といわれる黒い肌のガナーワ族の踊り手，講談師，演説をする者，猿回し，ボクシング，かけあい漫才，占い師，祈禱師，山師，スリ，物乞いなど，実にさまざま

演奏する楽士と取り囲む人々（写真提供：金尾朗）

ケバブを焼く屋台（写真提供：金尾朗）

4．転換／コンバート　　69

な役者たちが登場し，見物人が取り巻き，そこに各国の観光客が入り交じる。それらを，白い煙を立ち上らせる串焼きのケバブ，ハリラというスープ，魚のフライ，カタツムリなどの屋台も加わって取り囲んでいる。このような情景が深夜まで続き，やがて一時の静寂を迎えるのである。

確かに，ここは一見の価値のある所で，ヨーロッパが抱く典型的なオリエントのイメージを満足させてくれる。その一方で，人々はそのイメージも材料として，たくましく商売をしている。

この広場は，一辺150ｍほどの三角形で，周囲を取り巻くのは2階建程度の建物である。数多くの屋台のほかには，これといって特別な建築的仕掛けもない。ただ，毎日繰り返される出来事のアラベスクが，人々を引きつけて止まないのである。

（日色真帆）

さまざまな色彩が行き交う（写真提供：福井通）

日中のフナ広場。座り込む青い人（写真提供：金子友美）

広場全景。三角形の広場に矩形の広がりが延びている。遠方に見えるのがクトゥビアモスクのミナレット（写真提供：金尾朗）

ジャマ・エル・フナ広場
[Djamaa el-Fna]

モロッコの都市マラケシュの広場。かつては公開処刑場であり，地名は「死人の集会場」という意味。マラケシュは11世紀に西アフリカを制覇したムラービト朝の首都として建設された。12世紀のムワッビド朝，15世紀のサアード朝でも首都であった。

シニョリーア広場
多様なシーンが演出された外部空間

広場に入ると，ゴチック様式のヴェッキオ宮のマッスが眼前に飛び込む。

シニョーリア広場の鳥瞰(左)
ヴェッキオ宮入口周辺部の広場のにぎわい(右)

4. 転換／コンバート　71

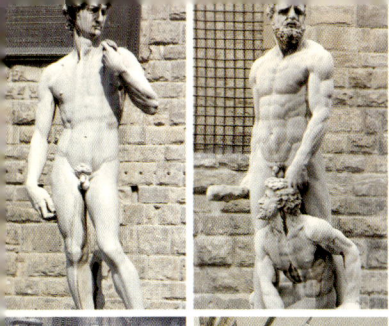

フィレンツェは，街そのものがまるで「一つの美術館」と称されるほど，おびただしい芸術作品に埋まっている。そのため街を訪れた多くの旅行者は，それらの質の高さと量の豊富さに圧倒され，一時的に精神のバランスを失う「スタンダール・シンドローム症候群」に陥ったという。シニョリーア広場もまた一級の芸術作品であり，今日でも花の都，フィレンツェの芸術のシンボルになっている。

フィレンツェが13世紀後半に，「人民の都市」となって以来，シニョリーア広場は，近代にに至る6世紀もの間，都市の政治・経済・社会の中枢として機能し，1498年のドメニコ会修道士ジロラモ・サヴォナローラの処刑，1860年のイタリア南北統一（リソルジメント）参加の是非をめぐる投票結果の発表など，多くの公事・祭事・集会が挙行される歴史の中心舞台であった。

この市民広場は，中世にまで遡る。すなわち，1288年にアルノルフォ・ディ・カンピオが，自治都市の政庁舎であるシニョリーア宮（後の「ヴェッキオ宮」）を起工した時，その周辺の邸宅や小教会は取り壊された。さらに追加の用地を買収して広場空間は意識的に拡大され，高さ94mの優美な鐘塔をいただく飾り気のないゴチック洋式の宮殿マッスが突き出ることとなり，1355年にほぼ現在の姿となったとされる。しかし，広場へはあちこちから道路が入り込み，不整形のL形広場はあいかわらず中世広場の様式を呈したままで，ルネサンスの外部空間概念とは明らかに異なっていた。そこで，ミケランジェロは，広場南側に建設された「ランツィ家のロッジア」のルネサンス的形態に着目し，それを広場全体に巡らす計画を目論んだが実現しなかった。そのため，16世紀を通じて広場に彫像列を設置することにより，中世的で無秩序な様相を，ある程度までルネサンスの秩序立った様相に変質させる試みがなされた。

すなわち，彫像列は，まず1504年にヴェッキオ宮

ダヴィデ像（左上）／ヘラクレスとカコス像（右上）／ネプチューンの噴水（左中）／「ランツィ家のロッジア」内の彫像（右中）／コジモ1世の騎馬像（下）

ドゥオーモ側の小路から見た広場の光景（写真提供：福井通）

入口左側に，ミケランジェロの「ダヴィデ像」を設置することから始まり，その30年後には同建物入口右側に「ヘラクレスとカコス像」を追加し，さらにドナテッロの「ユーディトとホロフェルネス像」により左側に伸び，1557年には宮殿の北西角の「ネプチューンの噴水」によって強化された。そして，最後にさらにその北側，彫像群による想像上の境界線の中心に「コジモ1世の騎馬像」が配置された。これにより，視覚的にきわめて明確な第4の障壁が創出され，多面的でバランスを欠いたL形広場は，ようやく2つの独立した四角形の空間単位に分節されるに至ったのである。

今日でもなお，ヴェッキオ宮の塔はドゥオーモの丸屋根とともに，フィレンツェの都市のスカイラインを支配しているが，ランドマークとしての塔は場所により見え方が微妙に変化し，多くの顔で市民にアピールしている。また，効果的な閉ざされた空間の実現のために，不規則な角度で入り込む9本の道路から，ひとたび広場に足を踏み入れれば，それぞれ異なるシーンの広場空間を体験することができる。そして，広場南側はヴァザーリの設計による，一階に柱廊をもつルネサンス様式のウフィツィ宮によって三方を囲まれた長大な3番目の空間単位と連結するが，シニョリーア広場の一部にはならず，透視画的効果を最大限に生かした通路しての役割を果たしている。

19世紀以前の美術品の公開展示は，今日のような美術館ではなく教会に限られていた。しかし，シニョリーア広場は中世以降フィレンツェ市民の中心地であったと同時に，芸術作品と接することのできる格好の野外美術館でもあった。　　　　（三浦金作）

ウフィツィ宮の透視画的効果

サヴォナローラの火刑が行われた場所の円形碑

シニョリーア広場 [Piazza della Signoria]
所在地：イタリア，フィレンツェ
建設年代：1288円にヴェッキオ宮を起工して広場の建設が開始され，1355年にはほぼ現在の姿になった。
用途：市民広場
規模：約8 600m²
設計者：アルノルフォ・ディ・カンビオによりヴェッキオ宮が建設され，周辺は宮殿のための広場として整備された。

4．転換／コンバート　73

スペイン階段
意表をつく演出の階段広場

近景・中景・遠景がバランス良く配置されている。(上)／階段を利用して座り，広場を眺める人々(下)
(上下写真提供：福井通)

スペイン階段

　ローマを代表する広場の一つであるスペイン広場は，137段の扇形の美しい階段をもつ。これが通称「スペイン階段」であり，正式名称は階段上にそびえる教会の名前から「トリニタ・デイ・モンティの階段」と呼ばれる。映画「ローマの休日」の舞台としてもよく知られた場所である。

　有名店舗が立ち並ぶコンドッティ通りをスペイン広場に向かって歩いていくと，通りの両側に切り立つ建物の間を通して，二本の塔のような建物が見えてくる。スペイン階段の上に位置するトリニタ・デイ・モンティ教会である。建物のアウトラインを額縁として切り取られている構図は，光に照らし出されたスペイン階段を際立たせる。さらに先へ進むと，急に視界が開けスペイン広場に出る。前方には開けた広場，視線を下から上に移すと，波打ちながら昇ってゆくスペイン階段があ

建物のアウトラインを額縁として光に照らし出されるスペイン階段。　　　　　（写真提供：福井通）

り，その頂きにトリニタ・デイ・モンティ教会とオベリスクがある。近景・中景・遠景がバランス良く配置されており，非常に美しい光景である。

　広場をわたり階段を昇るにつれて，先ほどまで景色に見えていた階段や段に座る人が，身体感覚を通して知覚される。振り返りながら階段に腰をおろすと，風景が一変する。今までの遠景が近景に，観客が演者となる。広場を眺めている人，話をしている人，喧嘩をしている人，物売りに来ている人。ここではさまざまなアクティビティが行われ，その様はまるで演劇のようである。階段は客席であると同時に舞台であり，すべての人が観客であると同時に演者である。これこそが見る・見られるの関係であり，歩きながら人を見ているうちに，周りの人に見られている感覚に陥る。

　下には先ほどまで自分がいた広場が見渡せる。さまざまな行為をしながら歩き回る人たちを眺める。広場中央にはヴェルニーニの父の作「バルカッチャの噴水」があり，その周辺で写真を撮る人，水を飲む人が絶えない。

　さらに階段を上がり，トリニタ・デイ・モンティ教会の足もとまで来る。この教会

4．転換／コンバート

階段側から広場を見ると，広場は舞台に見える。(上)／階段上から眺めると，広場へ続くコンドッティ通りが照らし出されている。(下)(上下写真提供：福井通)

はルイ12世が建立したものであり，イタリアには珍しく双塔のフランス式の教会である。振り返るとオベリスクの下に見晴し台があり，ここから最初に通ってきたコンドッティ通りが見通せる。ここは，下からは想像できないほどの眺望である。人々が歩きまわる様はまるで，虫の行進のようだ。

先ほど，壁のようにそびえ立っていた建物の屋根までが見え，周囲の建物，広場，階段が一つの軸上に配置されている演劇的空間であることが確認できる。

スペイン階段では，視点によってこれほどまでに目まぐるしく風景が変わることに驚きを覚える。また，動かない空間というものが人のアクティビティにより目まぐるしく変化し，空間のおもしろさを増している。　　　　　　　　　　　(佐野友紀)

スペイン階段（トリニタ・デイ・モンティの階段）
[Scalinata di Trinita dei Monti]

所在地：イタリア，ローマ
建設年代：トリニタ・デイ・モンティ教会―
　16世紀，スペイン階段―18世紀
用途：正面に2つの鐘楼を持つトリニタ・デ
　イ・モンティ教会の麓にある階段および広場
建設者：トリニタ・デイ・モンティ教会はフラ
　ンス王ルイ12世の命により建立

ヴィラ・デステ
水の演出が織りなす古典の別荘

ヴィラ・デステの壮大な噴水「オルガンの噴水」(写真提供:池田郁人)

　ローマ近郊ティヴォリのアルバーノ丘に立つヴィラ・デステ(エステ荘)は，マニエリスムの時代に，古典建築の再現を目指したリゴリオの代表作である。イッポーリト・デステ枢機卿の別荘として，高低差のある地形を生かした壮大な庭園のランドスケープ豊かな空間である。その大規模な空間を圧倒するのは，幾何学的庭園に無数に配置されたジョッキ・ダックア(水のゲーム)による，噴水群の多様な演出である。

　最上部に位置する別荘のテラスからは，急斜面に沿って五層にわたる池と噴水の饗宴がパノラマチックに広がる。テラスから右に進むと，シビッラ(巫女)の像のある「卵形(楕円)の泉」に出る。ニンフ像が10の壁龕(へきがん)の中に置かれ，これが中央の滝を囲むように造られている。ピッキエローネの噴水を経て，真っすぐに伸びる苔やシダに覆われた小道に，グロテスクでひょうきんな鳥獣の彫刻が並び，至る所から噴き出る水「百の噴水」が，上へ下へと飛沫し，せせらぎをつくり，心地よい水の響きが，アプローチ空間をダイナミックに印象づけている。この突当りには，古代ローマの建築

4．転換／コンバート

群をミニチュアサイズに縮小して造られたといわれる「ロメッタの噴水」がある。眼下にはティヴォリの街並みを遠望することができる。庭の中央を下っていくと，ギリシア神話のヘラクレスの伝説をモチーフにした「ドラゴンの噴水」がある。さらに下ると，正面に別荘を仰ぎ見るように，軸線上に方形のシンメトリーに造られた大きな3つの池が並んでいる。別荘近くの池の前には，迫力のある水柱を上げる2本の大きな噴水，中央のカスケード，さらにいくつものリズム感のある大小の噴水群が水しぶきを上げている。糸杉の美しい緑に囲まれた別荘のファサードと調和して，池の水面にその刻々と変化するシーンを映し出し，躍動感のある劇的な演出が見られる。かつては水力によりオルガンを奏でていたといわれ

シビッラ（巫女）の像がある「卵形（楕円）の泉」

古代ローマの建築物を縮小して模したといわれる「ロメッタの噴水」（写真提供：池田郁人）

真っすぐに伸びた小道に並ぶ噴水群「百の噴水」(左)／異様な姿の「豊饒の女神の噴水」(右)(左右写真提供：池田郁人)

る，ヴィラ・デステの代表的な噴水「オルガンの噴水」である。

　シークエンシャルに造られた緑豊かな変化のある庭園の中に，多様な形態をもつ水の演出が，意図的な計画性を感じさせないほど自由奔放に，大胆でかつ執拗に，いささか異様な印象すら与えるさまざまな彫刻群とあいまって，幻想的な「驚異」の空間を醸し出している。

　近くには，壮大なハドリアヌス帝の別荘，ヴィラ・アドリアーナがある。(積田　洋)

ヴィラ・デステから望むローマ時代，ルネリンス時代も保養地であったティヴォリの街並み(写真提供：池田郁人)

ヴィラ・デステ［Villa d'Este］

所在地：ティヴォリ（ローマから東に30 km，近くにはハドリアヌス帝の別荘，ヴィラ・アドリアーナがある）
建設年代：1551〜1573年
用途：別荘
設計者：ピッロ・リゴリオ（「ピッキエローネの泉」はベルニーニの作といわれる）

4．転換／コンバート

空間ボキャブラリー　　　　　　　　　　　　　　　　　　看板・サイン
（構成：福井 通）

建築群や街並み，集落，都市などは，それぞれの空間を構成するいくつもの要素の集合体として捉えることができるが，それらの要素はバラバラに存在するのではなく，互いに関連性をもちながら，ある秩序をもって配置されている。

たとえば，長い年月をかけて形づくられてきた歴史的な街並みは，広場や教会などを中心として，それらを繋ぎ，街中を縦横に走る入り組んだ街路が，街路－路地－袋小路，といったヒエラルキーをもちながら，放射状やグリッド（格子）状等に構成さ

5 系統/ネットワーク

れ，ひとつのネットワークを形成している。また，計画的につくられた街並みや都市は，個々の要素が意図的に配置され，全体として明快なゾーンや軸線をもった集合体として機能するよう仕組まれ，ひとつの空間のネットワークをなしている。

それはまた，自然景観や都市を凝縮した空間的縮図ともいえる庭園などにおいても同様で，日本の回遊式庭園やイギリスの風景式庭園に見られるように，構成要素が巧みに配置され，全体としてひとつの完結したネットワークを構成している様子を見て取ることができる。

このように，ネットワークは要素の可視・不可視を問わず，集合の構造の骨格をなしているが，見知らぬ街を歩くときに経験する空間のわかりやすさ・わかりにくさ，驚きや意外性など，その空間のもつ特性そのものがネットワークの仕組みの中に内在していると言える。

(柳田 武)

麗江古城
中国少数民族の華麗なる都

　中国は，改革開放のうねりのなかで，臨海部と内陸部の経済格差が拡大しており，内陸部での活性化のために，急速な観光化を進めている。観光開発は，自然景観や文化遺産を目玉にしたものから，最近では街並みそのものを観光資源にするものまで広がってきている。なかでも，雲南省における都市観光開発には注目すべきものがある。それは，雲南省が最も多くの少数民族の居住する地域であり，それぞれの少数民族は，民族固有の建築様式や生活習慣をもっているため，街の雰囲気にそれがにじみ出ていて，多くの人々を引きつけるからであろう。

　麗江はその雲南省の北西部，省都昆明から約600kmにある，納西(ナシ)族を主体とする，人口約33万人の中規模な都市である。麗江納西族自治県の中心都市でもある。「麗江古城」と呼ばれる歴史的市街地は，「大研鎮」とも称され，宋代末から元代初めにかけて建設が始められたといわれ，約800年の歴史を有している。現存する建築には，

歴史的市街地の中心「四方街」

湾曲する街並み（商店街） 　　住宅地の行き止まりの路地

濃灰色の瓦と白い壁，屋根がつくる風景

5．系統／ネットワーク

この街が最も活気を呈していた明代建築のものが多く残されている。

古城は標高2,400mの高地にあって,緯度の低い雲南省のなかでは暮らしやすい条件にあり,現在2万5,000人の住民がいる。1997年には,世界文化遺産に登録されたことにより空港が開港し,高速道路が建設されて,この街は一気に観光化が進んだ。そのため以前の風情はやや損なわれ

水路に沿った水辺の情景

たとはいえ,近代化が進む臨海部の都市とはまったく違う,中国の奥の深さを感じさせてくれることに変わりはない。

古城の中心は四方街と呼ばれる広場であり,ここからいろいろな方向に街路が広がっていき,さまざまな商品を売る店が連担している。その街路から無数ともいえる魅力的な路地や袋小路が分岐して,微妙に曲がりくねったり折れ曲がったりしながら市街地全体を覆っている。そうした路地には,納西族特有の美しい中庭を持った住宅が門を向けている。ほぼ長方形をし,石畳が敷き詰められた四方街には,朝8時頃から屋台の店が並びはじめ,昼前には店と客でごった返す。

麗江古城のもう一つの魅力は,町中を縫って流れる4本の水路の存在である。氷河と万年雪を抱く4,000m級の玉龍雪山を背後に持つため,水量は多く流れは早く,水は冷たくきれいで,街に生き生きとした表情を与えている。水路は洗濯場や調理場として生活空間の一部になっているだけでなく,中心部では観光客の休息の場や豊かな景観を提供しているのである。

(土肥博至)

麗江 [Lijiang]

所在地:中華人民共和国雲南省麗江納西族自治県

建設:基礎・12世紀末〜13世紀初,発展・14世紀末〜15世紀

特徴:中国では例外的な城壁で囲まれていない市街地

キト旧市街地
赤道上に浮かび上がる白いネットワーク

南米アンデス山脈にあるエクアドル共和国の首都キト。赤道直下の「キト」は，標高2,800mを越える高地のため，一年中平均気温14℃と安定している。起伏の激しい地形は，街の建設には適さなかったが，外敵を防ぐには都合よく，穏やかな気候も生活に適していた。そんな「キト」は，細長く南北17kmに広がる街で，南の「旧市街地（セントロ）」と，北の「新市街地（ノルテ）」から成っている。

　「旧市街地」は，今も16世紀から17世紀のスペイン植民地時代の建物が数多く残っており，世界遺産にも指定されている。特にこの街は，南米におけるキリスト教の中

右に見えるドームと扇状の階段が美しいカテドラルや大統領府などに囲まれた独立広場

南米最古の教会，サン・フランシスコ教会。前の広場は，市民の憩いの場になっている。

キト旧市街地

道の両側に，植民地時代の面影を残す建物が並ぶ。正面に見えるのは，パネシージョの丘。

白壁に青いペンキが映える坂道

心地として数多くの教会や修道院が建てられている。

独立広場を中心にカテドラルなどが，サン・フランシスコ広場には南米最古の教会，サン・フランシスコ教会が，また別の広場には，美しいドーム屋根が印象的なラ・コンパーニャ教会などが残っている。これらの教会は必ず中央広場に面して建てられているが，これは，スペイン人が入植時に定めた「インディアス法」により都市計画したからである。もちろん，街路もその都市計画に従い，中央広場を中心にグリッド状に配置された。起伏の激しさにかまうことなく，ほかの植民地と同じくグリッド・プランの街を建設したため，あちらこちらに階段や急勾配の坂が現れるようになった。しかし，こうした高低さのある街並みこそが，「旧市街地」を魅力的な空間へ形づくっているものといえる。急な坂道を歩くと，太陽に照らされた白壁とコロニアル様式のバルコニーや青い扉が，次々と眼前に迫るように展開していく。

パネシージョと呼ばれるシンボル的な丘の頂から眺めることができる旧市街地の全景は，教会の塔やドーム屋根が織りなす光景の中で，白壁の建物の街並みがより整然さを増して，白いネットワークのように浮かび上がっている。街はパネシージョの丘や広場が目印になり，あまり道に迷うことはないが，高地で空気が薄いため坂の途中で息が切れることもある。また市場には，先住民インディオの昔ながらの生き方が表れており，新市街地にない熱気が肌で感じられる。　　　（小林美紀）

キト旧市街地 ［Quito Centro］

所在地：エクアドル共和国，キト
建設時期：16〜17世紀
国連から「人類の文化遺産」として指定されたエクアドルの首都キト。教会が面する中央広場を中心に，グリッドに敷かれた街路に沿って植民地時代の建物が並ぶ。

5．系統／ネットワーク

スタウアヘッド
展覧会の絵を巡る

　イギリスのランドスケープ・ガーデン（風景式庭園）は，ヴェルサイユ宮殿の庭園にみるような絶対王制の権力を象徴する幾何学的構成とは対照的な自然で，のびやかな構成が特徴である。これは，イギリスの新興市民階層の自由な観念を反映しているといわれる。

　しかし自然とはいっても，実際には森，川，湖，山などの自然の一部分が理想化され縮景されて，そこを巡るとちょうど何枚もの美しい風景画を見て歩いているような気分になる。縮景の対象としては自然そのもの以外に，農家や牧草地などがある田園風景もよく用いられ，そこに点在する橋や寺院のミニチュアが配置されることもある。領主が自分の領地を見て回るかわりに，館のまわりに作られた庭園を巡ったのだろう。

近・中・遠景が注意深く配置された風景画的な構図

スタウアヘッド

園路の途中に，パビリオンを林の間から見通せる視点が用意されている。

注目される対象として所々に配されたパビリオンは，神話や伝説から引用されたといわれている。

これは，日本の大名庭園において田畑を作り，それを眺めることによって，領内の国見の代用としたことにも通じる庭の楽しみ方である。

イギリス南部のウィルトシャーにあるスタウアヘッドは，風景式庭園の代表格だが，その平面図を見ると，池を中心にそのまわりを園路が巡る構成が，日本の桂離宮などの池泉回遊式庭園にたいへんよく似ている。

しかし実際に訪れてみると，そこで体験されるものはかなり違う。その違いを一言で言えば，日本の回遊式庭園では，空間のシークエンスの連続体験であるのに対して，このスタウアヘッドでは，眺めの良い地点を順々に巡る断続的体験であることである。

日本の回遊式庭園でも茶屋が園路の途中に置かれ，そこからの眺めを楽しむことができるが，むしろ移動中に次々と展開する視覚的なシークエンスや，聴覚，触覚，嗅覚，運動感覚など，種々の感覚を通して体験される変化を味わうことに主眼がある。

これに対して風景式庭園では，特定の地点からの絵画的な眺望が重要であり，その地点間の移動中は，どちらかと言えば退屈な道程である。パースペクティブが強調された幾何学的な整形庭園から自然風景式に見かけ上姿は変えても，あくまで固定さ

5．系統／ネットワーク

理想化された自然の沼地(左)／グロッタ内のニンフ像(右)(右写真提供：日色真帆)

パンテオンと名付けられたパビリオン(左)／グロッタから見た景色(右)(左右写真提供：日色真帆)

た視点から見た構図が重視され，その設計には視線軸が意識されていたと思われる。

　こういった庭園のある館（カントリーハウス）には，数多くの絵画のコレクションを飾ったギャラリーがあった。来客はまずそこに案内されたが，館から外に出て巡る庭園もちょうどギャラリーの延長の趣があった。いずれもオーナーが自分の趣味を来客に見せびらかせ自慢する仕掛けとなっていたようである。　　　　　　（大野隆造）

スタウアヘッド［Stourhead］

所在地：イギリス，ウィルトシャー，スタウアトン
作庭時期：1720〜1724年
用途：庭園

知覧の街並み
緑が演出する景観のネットワーク

屈折しながら伸びる小路とランドマークとなる母ヶ岳

生垣から引くように建つ武家屋敷

ダイナミックに変化する生垣と微妙に変化する石垣

ダイナミックで造形豊かな生垣が連続している知覧の街並みは，きわめて人工的で操作的につくられた緑が構成する独特な歴史的街路景観である。

　知覧は江戸の藩政時代，鹿児島城以外に藩内に外城を113つくり，その中心地を「麓（ふもと）」と称した，武家屋敷の街並みの一つである。

　麓の中心部を街道が通り，麓と麓を結んでいた。この街道は「小路・馬路」と呼ばれ，十字路をつくらず，丁字路で構成している。街の中心で意図的に折り曲げ，緩やかなカーブを描いてつくられている。そこには石敢當（いしがんとう）がおかれ，麓の子弟の修練の場とともに，人々のコミュニケーションの場としての空間が生まれている。

　この街路形状や生垣のダイナミックなフォルム，さらに東方の優美な稜線をもつ母ヶ岳を借景として，単純な景観にパースペクティブな変化を与え，石垣と生垣，武家門とから成るわずかな構成エレメントにもかかわらず，豊かな印象を与えている。

　その中で最も重要なエレメントは，いうまでもなく生垣の形態・色合いである。個々の武家屋敷内につくられた庭園の境界として生垣をつくり，遠景の山々を借景としている。生垣は，統一的にそして微妙に変化し，連続して存在する石垣の上に，一段もしくは二段になって存在している。その波形の形状をもつ大刈込みのその高さは，2～4mにも及び，大きく大胆に変化しており，街路に圧倒的なボリュームをもって

豊かに変化する生垣(上)／玉石積みと切石積みでつくられる石垣(下)

表出している。

　緑の色彩も鮮やかで，チャノキ・イヌマキをはじめとした様々な種類の植物で構成されていて，色合いに変化を与えている。それぞれの生垣のフォルムは，個々に異なり住民たちが競い合うことにより操作的につくられ，ダイナミックな変化・連続性を生み，画一的ではない多様な"ゆらぎ"をもった豊かな景観をつくっている。

　武家屋敷は，石垣を築き，生垣を植え，武家門や石柱門をしつらえ，武家としての威厳が，こうした伝統的な構成の景観を形づくったことは言うまでもないが，屋敷そのものが景観に寄与しているのではない。小路・馬路からは全体が直接見えないことが作法とされ，見えるものは生垣越しの屋根だけである。小路・馬路から壁面の位置を引くことで演出され，それにより豊かでありながら，控えめな空間が構成されている。

　武家屋敷と生垣・石垣の関係が，心地よい雰囲気をもつ街並みをつくり，生垣と遠景の山々の絶妙なバランスが緑豊かなスカイラインを演出している。

（恒松良純）

遠景の山々と連なるように展開される生垣のある庭園
（写真提供：積田洋）

知覧

薩摩半島南部地域の中央部，鹿児島市から南南西におよそ35km，茶畑の広がる緑豊かな農村である。
和名抄の薩摩国13郡にはその名はなく，鎌倉時代のはじめ建久8年（1197）の薩摩国図田町に知覧院の名をみることができる。
江戸の藩政時代，防備のために藩士を郷村に集住させ，普段は農業に従事させるとともに武道の訓練を，戦のあるときは戦場に向かわせるという郷士制度があった。この郷士の居住する地区を「麓」とした。

キャンベラ
ひと味違う近代都市計画の新首都

戦争博物館から湖までの直線道路。国会議事堂まで軸が通っていることがわかる。(上)／ビジターセンターから見た国立美術館(左端)と国立図書館(右端)。このように建物は間隔をあけてぽつんぽつんと建っている。(下)

　1901年に6つの州（旧植民地）が集まってオーストラリア連邦が生まれた際，首都を決めるのにシドニーとメルボルンが綱引きを演じたために，政治的配慮からその地理的中間で，アボリジニによって「キャンベラ」と呼ばれていた場所が新たに首都として決定された。1911年に首都設計の国際コンペが行われ，シカゴの建築家グリフィンの案が主席入選した。

　当時36歳の新進建築家であったグリフィンの原案は，自らが影響を受けていた古典

的建築思想やE.ハワードの田園都市の思想を取り入れたものであった。すなわち，当時の都市や建築に関する思想の影響を強く受けた案であったのである。その特徴は，二つの軸線の設定と，その軸に沿った都市機能の配置，バロック式街路パターンにある。二つの都市軸は，自然の地形を生かしたビスタの中で，さまざまな都市機能を視覚的に把握できるようにすることが目的だったと言われる。また，街路計画は，焦点をもつ放射状の道路パターンとグリッド・パターンの組合せからなる。

　さて，実際のキャンベラは，グリフィンの原案から変更されてはいるものの，何もない場所での一からの都市計画の結果生まれた都市である。つまり，完全に計画された都市であり，道路計画やゾーニングもきちんと行われ，効率よく機能しているのは間違いないであろう。しかし，そこで働く人に完全に特化した街であり，歴史や文化は感じられようもない。現地のオーストラリア人に尋ねると，キャンベラの評価はあまり芳しくない。都市としての魅力に欠けるというのである。また，日本において首都遷都が論議されているが，その中には，「キャンベラのようにはするな」という意見も見受けられることに，この首都に対する日本での評価の一端が表れていよう。

　首都キャンベラの象徴ともいえるのが新しい国会議事堂であるが，この屋上に上ってみよう。周囲の緑の中にぽつんぽつんと建物が見える。また，モロングロ川をせき止めてつくった湖畔に立って向こう岸を眺めてみると，国立の施設がぽつんぽつんと建っているのが見えるだろう。これ

商業施設街の広場。がらんとして人影もなく味気ない空間。

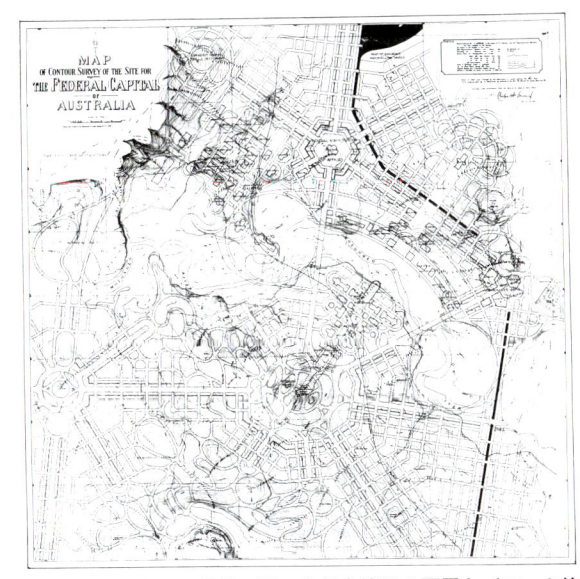

グリフィン原案図。軸線に沿った都市機能の配置とバロック的街路パターンが特徴。

国会議事堂の遠景。周囲に建物はほとんど見えない。(上)／国会議事堂の屋上から見た，旧国会議事堂（写真中央の白い建物）。現在は展示施設になっている。(下)

らは周囲の環境になじんだ優れたランドスケープ・アーキテクチャーということができよう。住む者にとって魅力ある街とはあまり言えまいが，キャンベラは政治や行政の中心として独特の雰囲気をもった街となっているのは間違いない。では，「都市計画とはいったい何か」と自問するのには，まさに絶好の街と言えよう。　　　　（横田隆司）

オーストラリアが関わったすべての戦争に関する資料が展示されている戦争博物館。当然ながら日本との第2次世界大戦も対象。

キャンベラ [Canberra]

所在地：オーストラリア
建設年代：1912年〜
設計者：ウォルター・バーリー・グリフィン（アメリカ）
1911年に首都設計の国際コンペが行われ，1912年5月にシカゴの建築家グリフィンの案が主席入選した。この案は一時廃案となったが，1919年に復活し，変更はあるものの，キャンベラの中心部はほぼ原案通りに実現されている。

マルチメディア・ナビゲーション
空間のネットワークをたどる道案内

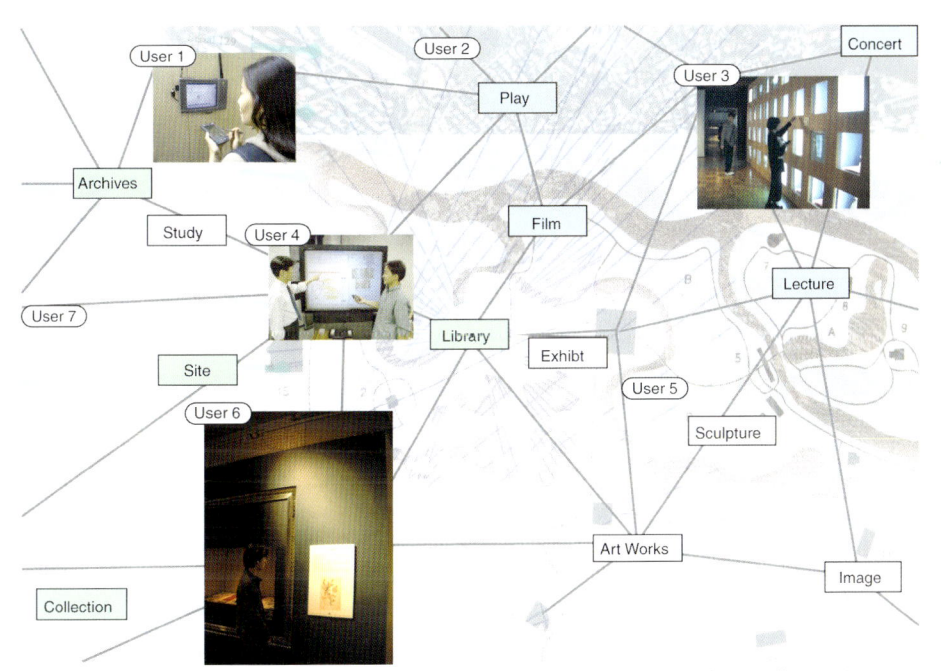

さまざまなネットワークによって結びつけられた知識や体験が，実際の空間体験に影響を与える。

　博物館や水族館には順路の矢印や展示品の解説など多くのガイドがある。受付では各国語の展示MAPが渡され，通訳ガイダンス機器が貸し出されたりする。最近では，展示施設で鑑賞者が小型情報端末機を携帯して，地図や作品情報をはじめ，種々の情報をより自由に受け渡す仕組み（モバイル・ナビゲーション・システム）が開発されている。

　たとえばTVのリモコンのように展示品に向けてボタンを押し，自分の興味のあるものだけを選択して，より詳しい情報が引き出せる。館内が広ければカーナビのように端末機に現在地MAPが表示され，通ったルートと鑑賞作品，さらには混雑状況や連れの友だちの居場所も教えてくれて，順路にとらわれないで楽しめる。また端末機を持った人が展示品の前50〜60cmに近づいたのを感知し，自動的にその展示品の解説が聞こえるものもある。後の2例は，鑑賞者の現在位置に応じて情報が送られてくるのである。

5．系統／ネットワーク

こうして端末機を使って鑑賞していると，やり取りされた情報から，鑑賞者がどんな展示品に興味を示したかという嗜好性や，どの経路を歩いたかといった行動パターンなどの鑑賞の履歴情報ができあがる。この履歴情報を使って，鑑賞者に有利な情報を与えてナビゲーションをする試みもある。
　たとえば，美術館である作家の前に長時間滞在していると，その履歴情報をもとに，関連する絵の

知識豊かな学芸員が一緒に歩いてくれるように，携帯端末が時々に応じた情報を与え，館内を案内してくれる。

ある経路のほうへ案内するなどである。この新しい道具は，あらかじめ用意されたものが取り出せるだけでなく，それぞれの人の行動に応じて，博物館に集積する多くの情報をインタラクティブに組み立てて提示してくれる。そのために空間の制約や展示方法に縛られず，見る人に積極的に必要な情報をナビゲートするいわば「個人アシスタント」となり，同じ鑑賞空間に来ても，経路も見るべき作品も，得られる情報もひとりひとりまったく違うオリジナルな体験となるのだ。
　ところでドイツのインゼル・ホンブロイッヒ美術館には，作品解説も順路の矢印も一切ない。広大な美術館敷地内にある点在型の展示パビリオンは，順路も決められておらず，自分で経路を発見しながら進むと，非常に有名な（ものらしいのだが），タ

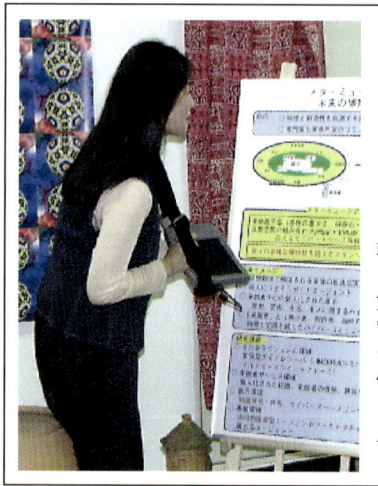

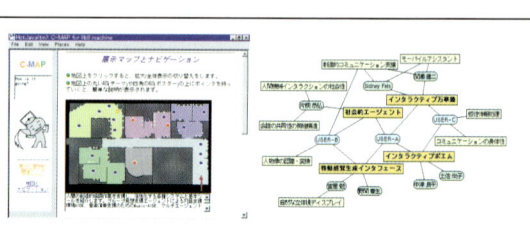

端末機で，音声，写真，映像，地図などさまざまなデータが見られる。(左)／現在地，これまで自分の見た作品や館内の状況が表示される。(中)／鑑賞履歴MAP。選んで鑑賞した展示作品名が自分の名前の近くに集まって表示される仕組み。鑑賞が進むにつれて変化し，また他の人が何に興味をもっているかもわかるので，自分と趣味の同じ人は近くに表示される。(右)（C-MAP：Contex-awave Mobil Assistant Project　提供：ATR知能映像通信研究所）

マルチメディア・ナビゲーション

水族館の見学体験が広がっていく

水族館へ行く前に，Webでの生物について事前の予習をする。（左上）

当日の見学では，Webでの予習内容や前回の訪問記録から，本人の興味に応じた新しいルートを設定して，端末が案内してくれる。また，予習した内容に加え，新しい情報が送られるので，端末は自分のノートのようにもなっている。（右上）

家に帰ったら，自分の見学記録を見てみよう。学習記録と一緒に自分の体験や好みがよく表れる。（左下）

ここからさらに興味が広がったら，次なるステップ（他館情報など）のアドバイスがされる。インターネット上にある多くの情報への手がかりとなる。（右上・右下）

（提供：三菱総合研究所，MID 1999）

東京都葛西臨海水族館での実験的な取組み（ハイブリッド水族館）

イトルカードすらない作品に出会う。ここでは「美術館は作品自体と向き合う体験をする場所」との意図で，純粋な美的体験が目的とされている。一方，インターネットではインゼル美術館について，美術館の空間や背景，現地で知り得なかった作品やその作者など，多くの情報が得られた。訪問はとても豊かな体験であり，かつ知識欲が刺激される。他で得られた知識をもって再訪すれば，前とは異なった見方や体験ができるだろう。リアルな体験と情報の体験は，相互に影響を与えあう。

　この相乗効果を使い，情報端末を使った鑑賞体験とインターネット等を連動させて，教育的な試みに適用している例もある（見学と事前学習などの反復体験）。現地に行く前，訪問後にも多くの情報が得られ，携帯電話等，他のネットワークと結びついた小型情報端末機が日常的に携帯されるようになり，このような仕組みは急速に浸透している。同じ時間，同じ空間であっても，情報ナビゲーションによって，より複雑でまた個人的な空間演出が可能となり得る。　　　（長澤夏子）

モバイル・ナビゲーション・システム
[Movile Navigation System]

博物館のデータベースや，Web上で作品が見られるページなどは，情報を空間にみたて「バーチャルミュージアム」と呼ばれる。これら情報空間を実際空間に結び付ける重要なキーとなっているのは，人の行動や選択である。蓄えられた膨大な情報を，空間内を移動する人に，自動的かつ最適に結び付けるプログラムは「Agent」と呼ばれ，まさに個人をアシストする情報を提供してくれる。

5．系統／ネットワーク

空間ボキャブラリー

ゲート・門

（構成：土肥博至）

われわれは時間経過の中で空間を体験し，そして理解している。そのため，こうした空間体験や空間理解は，われわれの身体運動や身体移動と深くかかわっているように思われる。たとえば，段差があれば眼は自然と下に向くであろうし，坂を登りきれば，自然と目線は上を向くであろう。そして，右手に視界が開けば，自然と右を向くことになり，明るい光が差し込めば，その光源を探すことになる。見上げたり，立ち止まったり，振り向いたり，うつむいたり，そうするたびごとに空間は自らの姿を変

6 継起/シークエンス

え，自分に備わる魅力をここぞとばかりにアピールする。われわれの空間知覚特性のすべてを知り尽くしているかのごとく，わたしたちを言いなりにさせてしまう。頭ではわかっていても，連続空間の中に仕組まれたシナリオに逆らうことはできない。そして最後には，魅了されてしまうのである。

　第6章では，階段や参道，運河といった人工的な建造物によってシークエンシャル空間の魅力が演出されている事例と，さらには，地形や眺望など自然界に備わる空間の魅力が，シークエンスの中でこの上なく優美に展開されている事例を取り上げている。空間の魅力が，まさにシークエンスの中で演出されているのである。　　　（大佛俊泰）

ステップウェル
聖なる地下への多義的階段

アダラジーのルダ階段井戸の神秘的な水場。はるか上部から光が射し、ひんやりとした空気と静謐な雰囲気が漂う安息空間。

　ステップウェルは，階段井戸のことである。西インドのグジャラート州に多く，「ヴァーヴ(Vav)」と呼ばれる。シンプルに大地を穿つ土木的構築物だが，力強くエネルギーに満ちており，しかも美しく神秘的で不思議な魅力をもつ多義的空間である。

　ステップウェルが多い西インドの地域は，一年のうち2～3カ月間しか雨が降らない。このため，階段井戸だけでなく「クンダ」と呼ばれる貯水用の階段池も多い。数百あると言われるこれらの貯水施設は，生活用水を確保する施設であると同時に，多くは宗教施設でもある。ヒンドゥー教の水の神・ヴァルナや母なる大地・母神などと結びついた聖なる場所でもある。また，酷暑の地上に対し，ひんやりと涼しい地下の水場は，社交的機能も果たす一種の安息空間でもあったようだ。

　ここで取り上げるステップウェルは，おもにパータンの「王妃の階段井戸」と呼ばれる11世紀のものである。幅員17m，長さ65m，深さ28mで地下七層に及ぶ。比較的ゆったりとした階段で，地下の水場まで直線的に下降するシンプルな床と，土圧を

ステップウェル

王妃の階段井戸を上部から見下ろす。手前が井戸のある側，向こうがアプローチ側。幾何学的構成の階段と床が実に美しい。

土圧を受ける柱・梁の立体格子。架構の力強いデザインが見る者に強い緊張感を与える。

受ける分厚い壁，それを支える多数の石梁と柱が力強い立体格子を構成している。

　インドの宇宙観では，地下空間は楽園のイメージをもつ。聖なる地下への階段は，安息と癒しの空間へと胎内回帰する下降であり，楽園の水場に至るシークエンスである。緊張感のある美しい幾何学的階段をゆっくりと地下に向かうと，下降にともない頭上からの光の陰影が変化する。力強い柱・梁の立体格子を通して降りそそぐ複雑な陰影の中を降りて行くことになる。柱・梁は一定のリズムで多層の床を構成し，その床を支える林立した柱の間を何度かくぐる感覚で下降のシークエンスを体験することになる。見回すと，周りの柱や梁や壁にはエネルギーに満ちた浮き彫りが施され，物としての圧倒的な存在感を示している。空間と物が交錯する場をさらに下降すると，ライト・ウエルからの地上の光が遠退き，静謐とひんやりとした身体感覚が，地底の聖なる空間に来たことを感じさせる。

（福井　通）

アダラジーのルダ階段井戸。地下から上方を見上げる。穴の形状は円形や多角形が多く，複数の穴があいている井戸もある。

柱・梁・壁等に施された浮き彫りの装飾。エネルギーに満ち圧倒的であるだけでなく，しばしば官能的である。

ステップウェル ［Stepwell, Rani Vav］

所在地：インド西部，パータン
年代：11世紀
用途：井戸・聖域
規模：幅員約17m，延長65m，深さ28m
建設者：ウダヤマティ王妃

アダラジーのルダ階段井戸。地下から上方を見る。基本的な空間構造はパータンの王妃の階段井戸と変わらない。

グラバー園
高みに暮らす紳士たちの優越

旧三菱第二ドックハウスの2階室内よりベランダを望む。眼下には長崎港が見える。(左)／旧三菱第二ドックハウスの2階ベランダからは，池のある庭，その先には長崎港が広がる。(右)

　土産物屋が立ち並ぶ坂を登りきり，ステンドグラスで有名な大浦天主堂の裏手から案内に沿って行くと，グラバー園の入場ゲートにたどり着く。ゲートをくぐり傾斜に沿って敷設された二つの動く歩道に乗ると，一気に園内で一番高い場所にまで運んでくれる。

　そこまず出会うのが，旧三菱第二ドックハウスである。1，2階ともにベランダをもつ，明治初期の典型的スタイルである木造洋館で，そもそもは船員達の休憩宿泊施設であったのをこの場所へ移築したものである。いくつかの園内施設がそうであるように，この洋館にも歴史的資料などが展示されている。2階に上がり，室内からベランダのほうを見ると，その先に長崎港を遠望することができ，ベランダに出ると，眼下に石板をあしらった端正な池，その先に長崎港，遠方には対岸の山々を眺望することができる。1階に下がり，池の先へ進むと，絶好の眺望と風の心地よさを感じることができ，振り向くといかにもおおらかで奔放な真っ白いハウスがたたずんでいる。

　順路に従い石段を降りて行くと，歴史の泉がある広場に出る。泉は水の落し方の異なる二段に分かれており，壁面にはモザイク陶板が施されている。ベランダ風の玄関が特徴的な旧ウォーカー邸を過ぎると，祈りの泉に出る。この泉の上方には，先ほど

6. 継起／シークエンス

モザイク陶板を施した歴史の泉のある広場で振り向くと，上方に旧三菱第二ドックハウスが見える。

の歴史の泉を望むことができ，傾斜と水を上手く利用しているのがわかる。

　さらに石段を降りて行くと，角石の列柱が邸を回る吹き放ちのベランダをもち，外壁が石造りの木造住宅である旧リンガー邸にたどり着く。堅固な角石柱が重厚さ，石壁と回廊が優雅で開放的な南欧風の趣を醸し出している。その先には，前庭に噴水と小さな池をもち，高い天井を支えるタスカン様式の列柱が特徴的な旧オルト邸がある。石材の円柱，ベランダの中央には，庭にせり出しその上に藤棚をもつ玄関が，旧リンガー邸よりも柔らかさと温かさを与えてくれる。

　緑の木立の中，石畳の坂道を進むと，前庭に色鮮やかな花壇を配し，四つ葉のクローバーの形をした旧グラバー邸にたどり着く。この旧グラバー邸は，現存する木造洋館ではわが国最古で，屋根から突き出た大振りの煙突，屋根の形に添ったベランダが特徴的である。前庭からは長崎港を見下ろすことができ，他の邸にもまして花や緑の豊かな装飾が施されている。

　急坂の地形を生かした絶好の眺望と水の演出，そして花や緑の演出が，優雅で華やかな回遊の雰囲気を盛り上げてくれる。園を出ると，そこには土産物屋が立ち並び，喧騒に包まれた現実がある。　　　　　　　　　　　　　　　　　　　（林田和人）

前庭には池、1，2階にベランダをもつ木造2階建の旧三菱第二ドックハウス(左上)
角石の列柱が並ぶベランダが特徴的な旧リンガー邸(右上)
石の円柱やベランダの中央部分にある庭にせり出す玄関が特徴的な旧オルト邸(左下)
四つ葉のクローバーの形で有名な旧グラバー邸。屋根の形に添ったベランダや、花々が咲き誇る前庭、またその庭からは長崎港を見下ろすことができる。(右下)

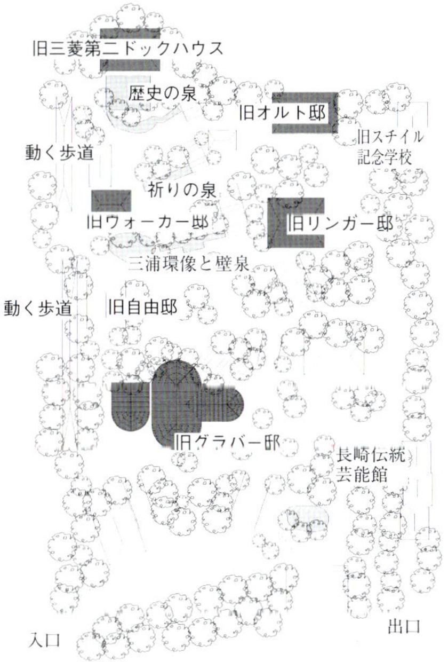

グラバー園

長崎市内の南山手にある小高い丘の上に、市内に散在していた洋館を移築復元した庭園。園内には国指定重要文化財である旧グラバー邸をはじめ、旧リンガー邸、旧オルト邸などがあり、緑豊かな四季の花々が咲き誇っている。急坂の地形のため坂に沿って動く歩道が敷設され、またこの斜面を生かして壁泉を設けるなど水の演出が素晴らしい。7月から10月の観光シーズンには夜間開園を行い、ライトアップされた園内は多くの観光客を魅了する。

配置図

6．継起／シークエンス

日光東照宮
逆遠近法の参道が導く華やかな空間

陽明門。本殿，陽明門を結ぶ軸線の焦点には北極星が。

　日光東照宮は徳川家康を祀る神社であり，陽明門に代表される華やかな装飾性で有名である。参道の始点は，大谷川に架かる朱色の神橋から始まる。多くの神社が聖と俗を分ける境界として，鳥居や橋を設けている。

　実際は渡ることはできない象徴としての印である橋を超え，太郎杉を見て，参道は鬱倉とした杉の木々の中を急いで曲がりくねった長坂と呼ばれる坂道となっている。勝道上人像をアイストップに左に折れ，突当りを右に折れると表参道にでる。この表参道は，入口から一の鳥居である石鳥居までのほぼ240ｍの直線のアプローチ空間である。両側は樹齢200年とも300年ともいわれる堂々とした杉並木に覆われている。入口の道幅は13ｍほど，終点で24ｍほどと10ｍも広げられている。逆遠近法の効果を狙ったものであり，入口から見ると参道は決して焦点を結ばない平行線に見えるように演出されている。行けども行けども到達のできない，神の空間への永遠性を象徴しているかのようである。しかし逆に，表参道の終点にある千人枡形に至る20ｍほどの階段では，幅員をほぼ８ｍから７ｍと狭め，両脇の石垣もその高さを後方では10

日光東照宮

cmほどであるが低くし，かつ勾配もきつくしている。6％ほど勾配をもつ表参道から，いよいよ神社の境内に入る表門に至るのであるが，階段を登るという行為を通して，宗教的な高揚感を高めるための工夫であろう。地形による高低差が少ないことを，遠近法の視覚的効果を用いてより長く感じさせ，かつ仁王門，表門に焦点を集中させるように演出していることが読み取れる。

千人枡形を抜け，急な階段を登り，表

①大谷川に架かる「御橋」と称される神橋。参道の始点である。／②表参道。参道の道幅は平行に見えるが，逆遠近法が用いられている。／③遠近法を用いた千人枡杉に至る石鳥居の前の階段と石垣／④水盤舎をアイストップに本殿に向かい折れ曲がる。／⑤二度の折れ曲がりを経て，陽明門を望む。右手は神楽殿（①②写真提供：矢島雲居）

6．継起／シークエンス

拝殿・本殿の唐門

　門を潜ると，参道はほぼ直角に左，右へと二度折れる。この折れ曲がりにはアイストップとして神庫や水盤舎が巧みに配されている。そして二の鳥居の銅鳥居ごしに，陽明門の壮観な姿を望むことができる。白・金・黒・朱・群青・緑青・黄土と，わずか7色とは思えない色彩で構成された，無数の彫刻で埋めつくされた陽明門は，華やかな造形美を人々に強く印象づけている。

　権現造の本殿・拝殿・唐門・陽明門を貫く軸線は，決して位置の変わらない不変性の象徴としての北極星に焦点を結んでいる。

　日光東照宮の参道には，地形を生かしたさまざまな空間演出の手法が巧みに用いられ，緻密に計画されたシークエンシャルな空間がある。　　　（積田　洋）

権現造の拝殿を望む。

日光東照宮

所在地：栃木県日光市
建設年代：1634～1636年
用途：神社，参道
徳川三代将軍家光により造替。建築の総指揮は幕府作事方大棟梁甲良豊後守宗広。彩色，壁画，天井画は狩野探幽一門ほか。

修学院離宮
上下するシークエンス

隣雲亭から見た大パノラマ(上)／なだらかな上りで，緩やかに曲がった上の御茶屋への松並木(左中)／上下の御茶屋東門(裏門)前の広場から，中と上の御茶屋への松並木が始まる。突当りで道は二手に分かれる(右下)／大刈込みの間を登る御成門から隣雲亭へのシークエンス(左下)

6．継起／シークエンス

隣雲亭を北側に回って，坂道と石段を下る(左上)／中島，紅葉谷へのシークエンス(右上)／土橋から中島を見る。(左下)／土橋の橋詰から中島の頂上に建っている窮邃亭を見る。(右下)

　修学院離宮は京都の東北部，比叡山の南西麓に位置している。この離宮には山腹から山麓にかけての傾斜地に，上，中，下のそれぞれ独立した3つの御茶屋（庭園区）がある。現在では松並木の小道（馬車が通れる幅）で結ばれているが，江戸時代は畦道であり，今も離宮の間には水田（戦後宮内庁が買い上げたが，減反政策のため一部は畑）が広がっている。下の御茶屋東門（裏門）を出ると広場があり，やや右方向に振れて中と上の御茶屋への松並木が始まる。少し進むと，道は二手に分かれる。右手が真っすぐに伸びた中の御茶屋への松並木，左方にくの字に折れるとなだらかな登りで，緩やかに曲がった上の御茶屋への松並木である。明治以後に整備された松並木ではあるが，中，上の御茶屋へのプロローグとして効果的なシークエンスとなっている。

　下と中の御茶屋には，建物の前に水の流れと小さな池を配したこじんまりとした庭があり，それなりの風情がある。下の御茶屋では，御幸門を入り苑池の縁を回りながら，池を掘った土で盛り上げ，石垣で土留めした高所に建つ寿月観へと緩やかに登ってゆくアプローチが魅力的である。

　上の御茶屋のシークエンスの見所は二箇所ある。一つは御成門から隣雲亭へのつづら折りの石段を登るシークエンスである。両側は大刈込みで視界が遮られ，深山に分け入る感じである。それを抜けると，上の御茶屋の最も高いところに立つ隣雲亭の前に出て，急に視界が開け，遮るもののない眺望に思わず息をのむ。全面の大池（浴竜池）の向こうには，遠くの山並みが幾重にも重なり，大パノラマが展開する。

　今一つの見所は，浴竜池を回るシークエンスである。隣雲亭を北側に回って，谷に向かって突き出ている板敷きの露台（洗詩台）の前を抜けて，坂道と石段を下りたと

土橋から西浜への苑路(左上)／土橋から西浜への回遊路(上中)／左の岸辺に屋根の架かった御船屋が見える。(右上)／西浜から見た隣雲亭と大刈込み(左下)／西浜から見た土橋。橋の奥が紅葉谷(左中)／全長200ｍの西浜の全景(右下)

ころに，池に注ぐ主要な渓流に架かる石橋がある。そこに立って上流を見ると，滝が見える。この滝を眺める場所を示すように，滝見燈籠が立っている。斜面に沿って池を左に見ながらゆっくりと苑路を下ってゆくと，窮邃亭のある中島に架かる楓橋の橋詰で苑路は二手に分かれる。直進すると紅葉谷を経て，中島の反対側の橋である土橋の袂に出るが，見学者には通行止めとなっている。楓橋を渡り石段を登った中島の頂上に，窮邃亭が建っている。ここからの眺めもまた秀逸である。隣雲亭からの眺めが池を見下ろし，北西の方角に松が崎，宝が池，深泥が池，貴船，鞍馬の山々が望まれるのに対して，窮邃亭からの眺めは万松塢（中島の南西にある島）の松や紅葉を前景として，池越しに南西の方角（京都市内）が望まれる。石段を下りたところに土橋がある。土橋から眺めた左右の景色は対照的である。右手の狭い水面に突き出た三保ヶ島と，その奥の紅葉谷を眺めたとき，深山の趣がある。左手は池越しに広々とした開放的な西浜が見える。土橋を渡って左に折れると，回遊路の左の岸辺に屋根の架かった御船屋がある。船着場を左折すると，池越しに中島や隣雲亭を望む西浜の苑路が200ｍほど続き，御幸門から上がってくると石段の上に戻ってくる。

上の御茶屋の建物には，床の間も襖絵もない。建物は素材を生かした簡素なものである。ここの見所は，池を中心とした苑内の景観とシークエンス，借景とする自然の大景観である。　　（安原治機）

修学院離宮

所在地：京都市左京区修学院
年代：1655年着工，1659年下の御茶屋，1661年上の御茶屋の大池が完成。中の御茶屋は1884年に林丘寺（1668年創建）境内の半分が宮内庁に奉還された。
設計者：後水尾上皇

ブルージュ
過去の記憶が漂う運河の街

マルクト広場に面する鐘楼を南側の運河から望む（ブルージュで最も美しい光景のひとつ）。

　ブルージュは，「北のベニス」とも称されており，外周を運河に囲まれた美しい水の都である。もともと「ブルージュ」とはフランドル語で「橋」を意味するが，その名の示す通り，街の骨格を形成している運河には50以上の美しい橋が架かっている。

　歴史的には，中世の時代に高価な毛織物を出荷する内陸の港町として栄えた商業都市である。フランドル派の画家たちに愛された都市としても有名である。しかし，15世紀には海とつながる水路が土砂で埋まり，港としての機能を失うと，そのまま内陸に置き去られてしまった。時の流れから隔離された都市は，そのまま中世の街並みを残すことになった。

　運河と言えばアムステルダムが有名であるが，ブルージュの運河は繊細でデリケートな印象を与える。歩道や橋には石畳が敷き詰められ，樹木と運河とが見事な調和を醸し出している。一歩裏通りへ入ると，観光客もまばらで，落ち着いた路地が続いている。比較的地味で重厚な印象を与える家々の窓は，レースのカーテンで閉ざされており，何となく虚ろで本当に人が住んでいるのかと疑いをもつほどである。

ブルージュ

6．継起／シークエンス

街の規模はかなり大きく，鐘楼からの眺望によってその広がりを実感できる。運河の形状は複雑ではないが，街路は不整形な交差や湾曲を繰り返しており歩いているうちに方向感覚を喪失してしまう。このとき，ちょっと目線を上向けてみる。この街には尖塔が多いが，なかでもマルクト広場の鐘楼，セン・サン寺院，ノートルダム寺院の塔

鐘楼からノートルダム寺院(左)とセン・サン寺院(右)を望む。

は比較的大きく，街のどこからでもよく目に付く。これら三塔の位置関係を把握すれば，自分の居所を即座に知ることができる。きわめて単純な原理であるが，「塔」のランドマークとしての役割を体験することができる。

　マルクト広場の鐘楼から流れるカリヨンの響き，弓形の可愛い橋，運河の水面と樹木の茂み，そして，清楚な白亜の建物たちとのコントラスト。「美しい」という言葉では何か物足りない美しさが，この街には秘められている。しかし，その美しさの裏側には，いつも悲しい雰囲気が漂っている。天を突き刺すようにそびえ立ついくつもの尖塔がそう思わせるのか，穏やかな運河の水面に揺れる影がそう思わせるのかわからない。この街には，あの最盛期の頃の華やかさはなく，過去の記憶ばかりが街のあちこちに漂っている。化石化してしまった都市の悲しさが，どこからともなく伝わってくる。かつてのヨーロッパ最大の港町は，今では信じられないほど静まり返っている。観光客の喧騒は，かつての街の繁栄に捧げる鎮魂歌のようにも聞こえる。

　こうした街の悲しさを，19世紀末の作家ジョルジュ・ローデンバッハは『死都ブルージュ』の中で描写している。たとえこの小説を知らない人であっても，この悲しい街のイメージは免れ得ない。ローデンバッハの描写にもあるように，この街は小雨の降る朝がひとしきり淋しい。

（大佛俊泰）

115頁：①鐘楼から東方向を望む（運河沿いに設置された風車が街の境界を示している）。／②鐘楼からマルクト広場の裏側を望む（114頁の写真は眼下の運河から撮影したもの）。／③駅からのアプローチ途中でセン・サン寺院を望む。／④マルクト広場の鐘楼が街のあちこちから眺められる。／⑤ノートルダム寺院を運河越しに望む。／⑥機能を失い静まり返った運河。／⑦運河は清楚な建物によって縁取られている。

ブルージュ ［Brugge/bruges］

所在地：ベルギー（ブリュッセルの西方約120 km）
年代：9世紀～（最盛期は15世紀）
用途：当時は商業都市
規模：南北約3.5 km，東西約2.5 km，人口約12万人

複合は，それぞれの意図でデザインされた結果の集積を解釈したもの，いわば足跡の模様であって，演出ではないと思うかもしれない。確かに，中世都市や伝統的な集落では，目標となる全体像があったわけではない。そこでは，共有されたつくり方の範囲内で，似ているがそれぞれ異なるデザインが調停を重ねながら繰り返されてきた。その結果生まれた集合体は，あらためて見るなら複合とでも呼ぶしかない魅力を示しているのである。この場合，複合とは一人の人間のスケールを超えた，多くの人間の

7 複合/コンプレックス

営為と時間的経過とを必要とする，特別に複雑な人工物に対する尊称と言えるだろう。
　ところが，今ではわれわれは，魅力的な複合の状態を人工的につくり出せると考えている。整形ではない多様な形態を組み合わせたり，簡単には読み解けない複雑な組合せ方を用いる。短い時間の中で擬似的に成長するプロセスを織り込むこともある。標本のように，多様な用途を一つの整った形態にパッケージすることもある。これらはまるで，都市を生け捕るような試みで，転がり落ちる石を繰り返し山頂に上げるシシュフォスのように，不毛な努力なのかもしれない。しかし，複合の姿を実現したいという誘惑は，それほどに強いのである。

（日色真帆）

パタン
ゆったり時が流れる美都

左にヒンドゥーや仏教の寺院，右に王宮建築群が並び，奥には公共水場，公的休憩所がある。

　ヒマラヤ山脈などに囲まれたカトマンズ盆地では，約500年前カトマンズ，パタン，バクタプールの王国が，それぞれ王宮の増改築を繰り返しながら，より美しい都へ変化していった。その中でも，首都カトマンズから5km南にある，「美の都」と称されたパタンは，今でも伝統的な都市景観が数多く残っている場所である。

　パタンの街は，南北に走るメインの街路を挟み，東に王宮建築群，西に仏教やヒンドゥー教の寺院が位置し，その周りに公共水場，公的休憩所などの都市施設がある。中心となる王宮建築は17世紀前半，パタン・マッラ王朝により建てられたものである。

　たくさんの人々がいつも佇んでいる「王宮広場」は，点在する寺院建築群と，連続する王朝建築群との間にある。そんな場所を歩いていると，しだいに歩調もゆっくりとなり，独特な雰囲気をもつ空間のシークエンスを楽しむことができる。王宮建築群は，南からスンダリ・チョーク，ムル・チョークなど街路に沿ってリズミカルに並んでいる。「チョーク」は，もともと中庭の意味であるが，中庭（約25m四方）を囲む口字

パタン

彫刻が施された方杖(左上)／重厚な煉瓦壁に木製の格子窓。左はデグタレ寺院(右上)／ムル・チョークと一体建築のタレジュ寺院(左下)／壁にはめ込まれた木製の飾り窓(右下)

型の建物を示す。王宮の2〜3階建のチョークを一歩入ると，外部とは遮断された静かな空間が現れ，隣のチョークへは一度街路へ出てからしかアプローチできない。それらの独立性と落ち着いた雰囲気のある空間は，日本の石庭のようでもある。また，その静かな空間の中心に立つと，軒を支える方杖の一本一本に彫刻されたヒンドゥー教の神々から見守られ，神聖な雰囲気が醸し出されている。

窓や扉にも諸神が細かく彫刻されているが，それはパタンには手先の器用なネ

ビンセン寺院
ヴィシュワナート寺院
ヴィシュヌ寺院
ジャガナラヤン寺院
ハリ・シャンカール寺院
クリシュナ寺院
公的休憩所
公共水場
ガルーダ像
マニ・ケシャブ・ナラヤン・チョーク
デグタレ寺院
タレジュ寺院
ムル・チョーク
ビンセン・チョーク

0 25m

配置図

ヒンドゥー教寺院正面のガルーダ像。右はデグタレ寺院

チョークから王宮広場を眺める。

王宮広場は憩いの場

ワール人の木彫や仏画の工房が多いからである。ネワール人の手による建築物は美しく，古い窓枠や彫刻は，お気に入りの家具のように，新しい建築に使われることもある。パタンの街歩きの楽しみのひとつは，こうした建築の細部や窓，扉などの彫刻を鑑賞することである。王宮建築にふんだんに盛り込まれた木彫だけでなく，ふとした民家の軒先などにも，丁寧に仕上げられ維持されてきた神々の彫刻を目にすることができる。ムル・チョークの上に重なる「タレジュ寺院」は，「チョーク」と「層塔」の複合建築であり，ネパールの伝統的な建築様式である。中央に高くそびえる「デグタレ寺院」は，四層の建物の上に乗った三重塔で，ネパールの伝統的なパゴタ様式の層塔として最大級である。パタン王宮では，こうした層状の複合建築も見ることができる。

　ネパール盆地に沈む夕日は，赤い重厚な煉瓦の壁と，黒い木製の彫刻窓や方杖で支えられた層塔の屋根のコントラストを映し出す。夕日に染まった柔らかい光景を眺めていると，美しさに時を忘れてしまう。

(小林美紀)

パタン［Pattan］

所在地：ネパール王国，パタン

建設時期：17世紀

カトマンズ盆地の第2の都「パタン」は，王宮広場を中心に，煉瓦組積造と木彫の窓が美しい王宮建築が多くヒンドゥー教や仏教の寺院で，広場を埋めつくされている。

アッシジ
丘にそびえる中世の都市空間

アッシジ全景。頂上に見えるのは城壁（写真提供：福井通）

サン・フランチェスコ大聖堂正面

大聖堂側面。さまざまな要素が見える
（写真提供：福井通）

　イタリア中部ウンブリア州は、「緑のハート」と呼ばれる緑豊かな土地柄である。この肥沃な野と緑の山に囲まれた丘陵地に、薔薇色の石造りの小さな山岳都市アッシジは存在する。イタリアの多くの都市が山岳に建設された理由は、他の都市との抗争に対処するという軍事的な側面が強い。しかし、現在の平和な時代において、周囲の緑豊かな環境に抱かれたような立地条件と静かな街並みは、ランドスケープとしても興味深い。

　街の入口には、サン・フランチェスコ大聖堂がある。この巨大な建造物は、彼が死後ローマ教皇によって聖人に列されたのを契機として建設された。聖堂は1階と2階の二層構造になっており、さらに聖フランチェスコの墓のある地下室がある。このよ

アッシジ全景。頂上に見えるのは城壁（写真提供：福井通）／サン・フランチェスコ大聖堂全景。精神と絵画と建築が見事に融合した総合体として世界的に有名。（写真提供：金子友美）

うに，丘陵の地形を生かして大聖堂自体も複合化していると言えるだろう。ファサードを見てもさまざまな要素が張りついており，その複合度は高い。その中を階段やスロープが効果的に配されており，上下方向の移動にともなう見え方の変化が楽しめる。

大聖堂からは広場や回廊を介して街に連続的につながっている。大聖堂を歩いていると思ったら，いつのまにか街中に入り込んでいることになるだろう。このようにアッシジは，ランドスケープレベルにおいても，大聖堂と街全体が一つの複合体である

アッシジの街路。向こうに見えるのはポポロの塔。なお，旗はカレンディマッジョ（5月の始まりの意）の祭りを祝うものと思われる。
（写真提供：横田順子）

通路部分からペルージャの丘陵を見下ろす。
（写真提供：横田順子）

サン・フランチェスコ大聖堂からペルージャの丘陵を見る。手前の広場と回廊の組合せもおもしろい。(写真提供：横田順子)

街の入口付近から丘を見上げる。頂上には城壁が見える。

高低差をつなぐ階段状の通路

と言えそうな空間構成をもっているのだ。

またアッシジの街は，サン・フランチェスコ大聖堂と聖女キアラのバジリカにはさまれた線形の空間に広がっている。これは，丘陵の地形に沿って街が建築されているためである。したがって，メインの動線に沿っては，高低差の少ない平坦な道をたどることができる。それでも道は曲がったり，幅が広くなったりと，その表情は変化し，見る者を飽きさせない。その一方，それらと直交する方向には，かなりの段差がある階段で移動することになる。建物と建物の間にある道路から見るペルージャの丘陵の眺望のみならず，高低差をつなぐ階段状の通路空間そのものも興味深い。直線状のものもあれば，微妙にカーブしているものもあるのだ。また，その通路に対して，建物もわずかに振っていることが多い。そのため，移動すると周囲の建物がさまざまに見え隠れするのである。

石畳を歩いていると，僧侶とすれ違う。聖者が生きた時代と変わらない空気が今も漂っているのだ。中世に想いをはせ，聖フランチェスコの教えを守っているアッシジの空間を肌で感じ取ってほしい。

（横田隆司）

アッシジ ［Assisi］

イタリア中部ウンブリア州アペニン山脈のスパジオ山北西部にある人口25,000人の丘陵都市。その起源はローマ時代以前と古い。11～14世紀まで自治都市として自由を謳歌するが，その後は16世紀以降に教皇領になるまで内乱や近隣都市との抗争に明け暮れた。聖人フランチェスコの出身地として有名。1997年の秋にウンブリア州を襲った大地震のため，サン・フランチェスコ大聖堂等が大被害を受けた。

カシャーンのバザール
迷路の街を貫く動脈

点々と開けられたトップライトから差し込む光による明暗のリズム

カシャーンのバザール

イランは東西に走るエルブルズ山脈によって，北側のカスピ海に面する湿潤な地域と南の乾燥した広大な沙漠に分けられる。国土のほとんどを占める南の乾燥地帯には，古代ペルシア帝国のころから，南北に走るザクロス山脈とその支脈の山地と沙漠が接する所に点々とオアシス都市が発達した。山に降った雨が地下水脈となって，オアシスに命の水を供給してくれるからだ。その水の供給路と直交してオアシス都市を結ぶ隊商のルートが物資の供給路として，そこでの生活を支えてきた。この隊商たちを待つキャラバン・サライでは様々な生活物資が商われ，それが隣接するバザール（市場）を通して一般の住民にいき渡っていく。

ドーム内部の幾何学的な凹凸パターンが，取り込まれた光を拡散してゆく。

カシャーンは今日の首都テヘランと，17世紀初頭にサファヴィー王朝・アッバース1世がつくった，美しい王の広場で有名な都市イスファハーンのちょうど中間に位置する重要なオアシス都市である。古い街に足を踏み入れると，通りは狭く迷路のように曲がりくねっている。道の両側に並ぶコートハウスの高い土壁には窓がなく，所々に住戸の入口が開いているのみで人気も少なく殺風景である。

しかし，この旧市街の中央にあるバザールに足を入れると，対照的に活気にあふれている。バザールは灼熱の太陽を避けるため，煉瓦の連続ヴォールトで覆われているが，点々と開けられたトップライトから差し込む光によって，明暗のリズミックな体験を楽しむことができる。ペルシア語でトップライトのことをヌール・ギールと言う。

7．複合／コンプレックス

さまざまなデザインのトップライトと噴水(左)／沙漠と同色の土で塗られたバザール屋上の連続ヴォールト(右)

ヌールはlight, ギールはcatcherのこと。天井を見上げると, 強い陽射しを調整しながら巧みに取り込み空間に拡散させる, 様々なデザインが見られる。

　バザールの店と店の隙間にある薄暗い階段を上ると, 一挙に明るく輝く別世界の視界が開ける。上から見る街は, 壁を共有して連続する住戸が「地」となり, 迷路状の街路と中庭の窪みが「図」になって浮かび上がる。個々の独立した住戸が「図」となるわれわれの見慣れた都市とは, 図地反転のランドスケープである。その迷路の街を貫くバザールの連続ヴォールトや無数のドームは, 周辺の沙漠と同色の土で塗られ, それが作るうねる曲面が延々と続く様から, 屋上のレベルを地表面と錯覚して, その下に広大な地下都市空間が横たわっているようにも見えてくる。　　　（大野隆造）

カシャーンのバザール ［Bazaar in Kachan］
所在地：イラン, カシャーン
用途：市場
17世紀, サファヴィー王朝に栄えた。

グム百貨店
縦横に交差するパサージュ

クーポラのある中央部(左)／両側のコリドールはベージュに塗られている。(右)

　19世紀のヨーロッパには，新しい都市空間が誕生している。パサージュ，アーケードなどと呼ばれるものである。その特徴を，J.F.ゲイストは"Passagen"（英訳はArcades）の中で，街区内部へのアクセス，私有地における公共空間，左右対称，ガラス天窓，各ユニットへのアクセスシステム，小売業の新しい編成形式，移動のための空間，と整理している。この新しいビルディングタイプは，19世紀初めにパリで生まれ，世紀末までにヨーロッパとアメリカの各地に現れている。ミラノやナポリ，大西洋を越えたクリーブランドにも，大規模なものがつくられている。モスクワにも登場しており，それが赤の広場に面したこの建物である。

　広場を挟んでクレムリンの長い壁に相対するファサードは，ルネサンス様式とロシア的モチーフを混ぜた250mにも及ぶもので，広場で行われる国家的イベントの背景に似合った壮大さである。しかし内部に入ると，寒冷地の建物でよくあるように，実に華やかな空間である。3本の半屋外的な光の街路空間（コリドール）が，奥行90mの敷地の長手方向，つまり広場と平行に並んでいるのである。これらは，サスペンションケーブルを用いた繊細なフレームで構成された，4分の1円弧の形をしたガラスヴォールトで覆われている。コリドールの壁面は，東ヨーロッパでよく見られるように，パステルカラーで塗られているため，一段と軽快な印象を与える。

全体は地下1階地上3階建で、1, 2階に店舗が位置する。2階以上はセットバックし、両側2本のコリドールは3階部分に張り出した回廊をもつ。コリドールに直交する方向にも3つの通路がトンネル状にあるため、全体が16のブロックに分かれることになる。これらを、視線が抜ける鋳鉄製の手すりを備えた通路とブリッジが縦横に結びつけている。コリドールに挟まれた階段を上がると、隣のコリドールに出ることもある。行き交う人があちらこちらに見え、思いがけなく出会うことがある。さまざまな方向に視線が透過し、人や商品や建物が幾重にも重なりあって見える。建築面積2万4,000 m^2、延床面積6万m^{2}にも及ぶこの建物は、どこにいるのかわからなくなるほど広く、いわば都市の中の都市である。クーポラがのる中央部は、コーナーが隅切りされて、都市の中の主要な交差点のように待合せ場所になっている。

　ワルター・ベンヤミンは、19世紀パリのパサージュに「遊歩者」の誕生を見いだし、現代性(モデルニテ)を捉えようとした。モスクワのこのアーケードは、20世紀にソビエト連邦の成立と崩壊を経て、現在では世界の高級店が出店しているという。われわれはそこに何を読み取れるだろうか。
(日色真帆)

赤の広場よりグム百貨店を見る。(上)／縦横に人々が行き交う。(中)／3本のコリドールが重なり合って見える。(下)

グム百貨店 [GUM department store]

モスクワの赤の広場が整備される過程で、市場の再開発としてつくられた。1888年の競技設計で建築家A.ポメランツェフが選ばれ、1893年に完成している。ガラス屋根の構造はV.G.ショーホフ。ロシア革命後、国営デパートとなる。30年代スターリンにより閉鎖され、第2次世界大戦中は軍事病院となり、スターリン死後に再開。モスクワには、同様にガラス屋根をもつツム百貨店もある。

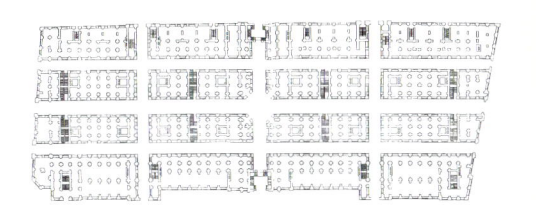

地上階平面図(図の下が広場側)

7. 複合／コンプレックス

軍艦島
現代廃墟に見る近代哀史

海に浮かぶ端島。別名軍艦島。今はひっそりとした無人島である。

　近くの高島から目を凝らして見ると，大した波ではないのに，軍艦島に打ち寄せる波は高く立ち上がっている。本当に誰もいないのだろうか…。

　知識は仕入れてきたつもりだったが，最初から驚かされた。瀬渡しという船の先端から乗り移る方法で，平坦ではあるが，3m四方のコンクリートの上に飛び移る。目の前にある縦横3mほどの鋼鉄の扉は開かないので，島中を取り囲んでいるコンクリート製の堤防にネジ止めされた金属のはしごを登る。島の中を覗き込むと，そこには広いグラウンドと遠目には灰色の廃墟があった。恐怖と寂寞感を感じながらも，まず左手にある端島小中学校にシャッターを切った。正面には，鉱員住宅と端島病院の隙間から単身寮のX字を積み重ねた外観が見える。

　ぬかるみと瓦礫を避け，反時計回りで堤防伝いに回るが，すぐに行き止まりとなり，上陸地点へ戻り時計回りに回り始める。端島小中学校の裏手に回ると，地面がえぐられ，基礎部分がむき出しになっていた。このルートも進行不可能なため，瓦礫の上をX字の外階段のほうへ向かった。

　そこは社宅などが立ち並ぶ潮降り街で，今なお道らしい道として残っている場所である。先へ進むと，鉱員社宅と石積みの擁壁をもつ啓明寮との間をつなぐ空中の渡り廊下と，今にも崩れ落ちそうな階段に出会う。

　地面には崩落したコンクリートやガラス，そして木材の多さには驚かされる。それらが複数あるルートを遮っているため，進む手だては一つだけしか残されていない。

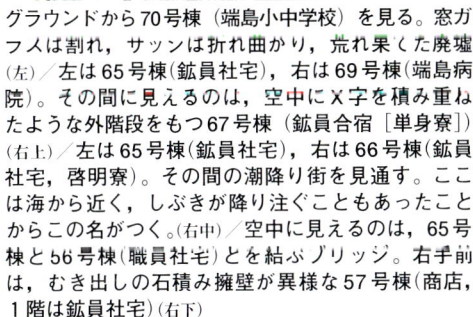

軍艦島

グラウンドから70号棟（端島小中学校）を見る。窓ガラスは割れ、サッシは折れ曲がり、荒れ果てた廃墟（左）／左は65号棟（鉱員社宅）、右は69号棟（端島病院）。その間に見えるのは、空中にX字を積み重ねたような外階段をもつ67号棟（鉱員合宿［単身寮］）（右上）／左は65号棟（鉱員社宅）、右は66号棟（鉱員社宅、啓明寮）。その間の潮降り街を見通す。ここは海から近く、しぶきが降り注ぐこともあったことからこの名がつく。（右中）／空中に見えるのは、65号棟と56号棟（職員社宅）とを結ぶブリッジ。右手前は、むき出しの石積み擁壁が異様な57号棟（商店、1階は鉱員社宅）（右下）

7．複合／コンプレックス　131

ただし，歩行可能といっても，瓦礫や木材の積層する上を，恐る恐る踏み確かめながら進んで行かなければならない。

　「地獄段」と呼ばれる階段のある場所に出た。建物同士の隙間がほとんどないほど過密し，折り重なるように密集している。さらに進むと，隣接する社宅同士の2階以上の階を繋ぐブリッジのある場所にたどり着いた。この軍艦島では，渡り廊下や階段が目立つが，これは狭い土地を活用する工夫であろうか。

　このあたりから，大きな瓦礫といったほうがよいほど，崩壊の激しい建物が多くなってきた。しばらく内陸を進み，やっと開けた海沿いに出た。そこには鳥居のように立ち並ぶ列柱があり，地面には巨大コンクリートの瓦礫が山積していた。ほとんど一周したようだ。波の音や鳥の鳴き声が聞こえる。やはり誰もいない…。

　無人島になってさえも，セピア色の写真のように，時間を止めたまま存在し続けなければならない，軍艦島の悲しさがそこにはあった。

（林田和人）

地獄段。建物と建物の間隔が狭く，現在の都心にあるビルどうし以上に近接している。（上）／ベルトコンベアの支柱群（下）

軍艦島

正式名は端島。長崎港から南西約19 kmの海上に浮かぶ島で，当初は瀬に過ぎなかったが，海底炭採掘の基地として明治30年頃から徐々に周囲を埋め立て今日の姿になった。縦横それぞれ480 m，160 mの小さな島で，最盛期には5,000人を超える人々が暮らしていた。数々の高層鉄筋アパートが林立し，この様子が「軍艦土佐」に似ていることから，軍艦島といわれるようになった。1974年には，時代の変化とともに閉山に追い込まれ無人島となる。

レスター大学工学部棟
機能と形のハーモニー

　レスターは，ロンドンの北北西約140kmにある落ち着いた大学都市である。スターリング設計の工学部棟は驚くほど汚れや傷みも少なく，30年前に訪れた時と変わらぬたたずまいで雨の中に建っていた。当時と比べて周囲に多くの建物が建設され，また2棟の高層棟と並ぶと，初めて見た時の印象よりこじんまりとした感じである。しかし，レンガとガラスの構成は伝統的なイギリスの風情とモダンさをミックスして，他の建物より際立っている。

　建物全体は，5つの形態要素からなる8つの構成要素で構築されている。隅を面取りしたガラス貼りの一番高い事務・研究室棟，実験のために本来窓面となるところを壁面として，庇を兼ねて斜めに突き出した高窓と，それに水平に取り付けられた換気用のジャロジー（ガラス製の可動ルーバー）の付いたレンガタイル面の多い実験室棟，研究室棟と実験室棟の足回りに差し込まれた階段教室の断面形をそのまま外形に表した大小の講義室，隅を面取りしたレンガタイル貼りのエレベーターシャフトと2つの階段室，45度に振ったトラス梁を覆ったグラスウールを充てんしたガラス屋根と，その端部のディテールが美しい実験工作棟である。このように異なる多くの形態要素が用いられるのは，"我々は常に部屋を理想的な特有の形態をもつように心がけている"スターリングの考えを反映しているからである。

　一階部分は，入口を除いてレンガ壁が基壇のようになっており，その上に8つ

北側からの全景。高層が事務・研究室棟。基壇，中層，頂部と古典的な構成である。頂部のレンガタイル壁は要求された30mの落差を持つ高架水槽の目隠し。中層が実験室棟。基壇の内部はトイレ，クローク，倉庫右奥が実験工作棟。
（写真提供：大佛俊泰）

7. 複合／コンプレックス　　133

の構成要素が乗り，浮き，そそり立っている。この建物では，個々のスペースが必要とする要求を無理なく素直に形態に反映させていることも評価されるが，最大の魅力はこれらの構成要素の組合せの妙であると同時に，狭間のデザインにある。

　この建物へのアプローチは3つあり，それぞれ異なる趣がある。校舎群の中心からのアプローチは，実験工作棟の壁に沿って進む。壁の上には，宝石のカットのようなガラス屋根の端部がリズミカルに続く。左側の直角の壁と斜めに切れ上がった大階段教室の床面の狭間が二層分のガラス壁となっており，そこにメインの入口

南側から実験工作棟越しに実験室棟とエレベーターシャフトと階段室を見上げる。

北側からの基壇。中層部分の詳細。

サブエントランス側。中講義室が基壇に乗り，実験室棟とバランスを保っている。左が実験工作棟(左)／左の階段室と右の大階段教室・研究室棟に挟まれ，上方に向かって折れ曲がりセットバックしているガラスの壁面(右)

がある。吹抜けのエントランスホールは，裏側のサブエントランスまで抜けており，途中に階段とエレベーターホールを結ぶブリッジが架かっている。

　サブエントランスのアプローチから見た建物の構成は，ダイナミックである。狭い基壇の上に直角に乗った小階段教室は，外側斜めに張り出す一方，ホール側では入口の扉の上まで低く張り出し，残りの狭間は三層の吹抜けとなっている。それらの全体を覆うように45度に振った格子梁がむき出しの実験棟が細い柱に支えられて浮いている。

　駐車場からのアプローチは，メインアプローチに続くのであるが，接近しながら見る角度が変わり，建物全体の構成が最もよくわかるアングルである。

　エントランスホールと二階の学生ホールを含めて足回りの狭間のデザインと並んで，垂直の狭間のデザインも見所の一つである。階段室のシャフトと大階段教室・研究室棟に挟まれたガラスの壁面が，上方に向かって折れ曲がりセットバックしている。その内部は吹抜けとなっているが，階段室とエレベーターから大階段教室・研究室へのブリッジが架かっており，その位置が後退していることと一致している。やや堅い構成である外観と，エントランスホール・階段とエレベーターホール回りと比較して，階段教室の内部は柔らかく肌触りの良い空間となっている。外部と内部の表現の統一が近代建築の原則の一つであると教えられた私にとって，新しい建築の芽がここに始まったと30年前に感じたことを思い出す。　　　　　　　　　　（安原治機）

実験工作棟の内部

実験工作棟の低層と中層の屋根。宝石のカットのような美しいガラス屋根の端部（写真提供：大佛俊泰）

大階段教室の内部

レスター大学工学部棟
[Leicester University Engineering Building]

所在地：イギリス，レスター
年代：1957～63年
構造：鉄筋コンクリート造，鉄骨造
設計者：ジェームズ・スターリング
　　　（1926-1992）

空間ボキャブラリー

窓・開口

（構成：金子友美）

特筆すべき特徴がひとつひとつの建築や個々の部分にあるわけではない。限られた素材やありきたりの構法によってつくられた各々の建築やその部分は，色彩や形態も平易であり，ダルなイメージさえ与えるものが多い。それらのひとつひとつは，われわれに決して多くを語ろうとはしない。しかし，こうした建築が集合して群を成し，重層化して眼前に現れると，彼らはたちまち勇壮な弁者となるのである。
　重層化して存在することで，各々の建築物やその部分に備わる微妙な差異や特徴が

8
重層／レイヤー

顕わとなり，共通する文法に支配されながらも，個々の持ち味を主張しているかのように見えてくる。たとえて言えば，目立たぬ子役が舞台の上に一同に集結し，それぞれに与えられた変哲もない演技を演じることで，朝の市場に漂う活気を表現することに成功しているかのようである。
　つまり，建築群は全体が重層化することにより，ひとつのストーリーを構成しているように見えるのである。個々の部分の役割は大きくなくとも，ストーリーを構成する要素としては重要な役割を担いながら，積み重なって全体を構成する。重層空間の魅力はまさにそこにあるように思われる。

（大佛俊泰）

モン・サン・ミッシェル
宗教精神が創る孤高の建築群

　四方を海に囲まれた砂地に浮かぶ島に高くそびえ立つモン・サン・ミッシェルは，その幻想的な姿を一望した者にとっては，決して忘れることのできない「西洋の驚異」と称される修道院建築である。創設者であるノルマンディ地方の司教，聖オベールを祀った礼拝堂「オベールの礼拝堂」は，8世紀初頭に完成した。その200年後，公爵リチャード1世はここにいた聖職者を不道徳などを理由に追放して，ベネディクト会の修道士を定着させた。

　巡礼地として栄えたモン・サン・ミッシェルは，海岸に張り出した砂地の上に建立された修道院建築であり，付近一帯は潮の干満の差が激しかったことから，満潮時には島全体が水に囲まれて多くの巡礼者が命を落としたという。実際訪れて，時々刻々と周囲に潮が押し寄せてくるその様子を体験すると一種の恐怖さえ感じる。

　この聖地の支配権をめぐって，フランスとイギリスは何世紀にもわたり戦いを続ける。その中で，モン・サン・ミッシェルは修道院と要塞の二つの役割を果たす。また，フランス革命後には政治犯用の監獄として使用される。こうして，宗教と政治が絡み**モン・サン・ミッシェルを一望する**。(写真提供：多羅尾直子)

モン・サン・ミッシェル

合う中で生きながらえてきたモン・サン・ミッシェルは、破壊されることなく今日にその神秘的な姿を残し、現在では国有の記念建造物となり、多くの観光客でにぎわう。

遠方から眺めると美しいこの島も、中に入ると迷路のような路地が入り組んで続き、城のごとくそびえ立つ修道院までは、クランド・リューと名付けられた狭い坂道の参道がただ一本あるのみである。現在では、その通りに沿って観光客向けの土産物屋やレストランが所狭しと並び、特にこの地で有名なオムレツの看板が目に付く。

13世紀初頭に増設された、ラ・メルヴェイユ（驚異の建築）と呼ばれる3階建の修道院は、岩山という特殊な条件のもとで、当時の技術を駆使してわずか16年でこの建築を完成させた。

修道院まで続くただ一本の参道「グランド・リュー」は、現在では観光客でにぎわう。(写真提供：金子友美)

13世紀初頭に岩山という悪条件の中、わずか16年で増設されたこの修道院は、ラ・メルヴェイユ（驚異の建築）と呼ばれる。修道院最上階、教会部分(左)／3階建の修道院の各層は、中世社会の三つの階層序列を象徴する。(右左写真提供：金子友美)

8．重層／レイヤー

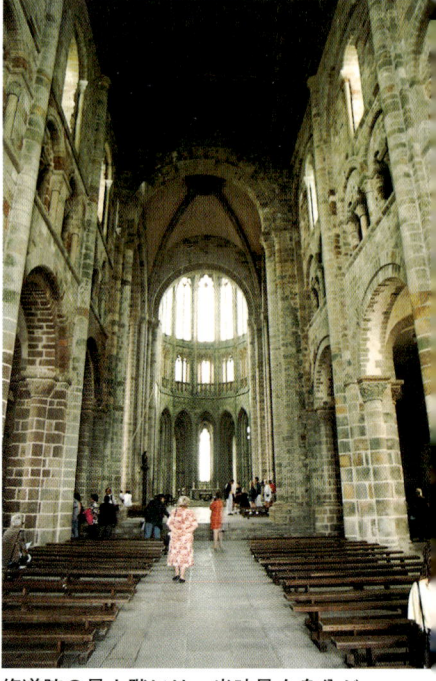

修道院の最上階には、当時最も身分が高いとされた聖職者たちの教会(右上)と食堂(左上)があり、大理石の柱を持つ美しい中庭を囲む回廊(下)がある。
(写真提供：金子友美)

修道院の三つの層は、中世の社会階級を象徴している。一番下の階は貧しい巡礼者たちに与えられ、2階では大修道院長が貴賓客をもてなし、3階は当時最も身分が高いとされた聖職者たちの食堂と教会がある。ラ・メルヴェイユは、階層を区切ることによって高さを表現し、アーチによって奥行を演出し、最上階には中庭を囲む美しい回廊が造られる。

(橋本都子)

モン・サン・ミッシェル [Mont St-Michel]

フランス・ブルターニュ・ノルマンディ地方のサン・オベール司教によって創設され、ベネディクト会の修道院として使用される。その後、巡礼地として栄えたこの聖地の支配権をめぐってフランスとイギリスが戦いを続ける中、モン・サン・ミッシェルは修道院と牢獄の二つの役割を果たすことになる。周囲の潮の干満の差が激しく、かつては島全体が水に囲まれた。現在、陸地とは一本の堤防で結ばれるだけである。1979年に世界遺産に登録される。

クリフパレス
岩に守られたすみか

　アメリカ・コロラド州のメサと呼ばれる平坦な台地には，雨水の浸食によって深く刻まれた大小の渓谷が無数に見られる。それらの鋭く切り立った崖を注意深く見ていくと，人々が生活した痕跡を見つけることがある。そしてメサベルデにある遺跡「クリフパレス」は，プエブロ・インディアンが崖に築いた集合住宅の代表例である。その形態から，人類のシェルターの原形を思わせるが，そこに人々が住み始めたのはそれほど古いことではなく，約800年前と言われている。

　彼らの祖先は約1,300年前，狩猟採集の生活からメサに定住して農耕生活を始めたが，何らかの理由で生活上はたいへん住みずらそうな崖地に定住し，またわずか100年たらずで突然そこを放棄して他の土地へ去って行った。彼らの移住の原因が何だったのか，現在でもアメリカ考古学上の謎とされている。人口増による部族間の対立か，外部の部族の脅威か，あるいは気候変化による大飢饉があったのか，いずれにしても安住の地を急いで去らねばならないほどの大きな力が作用したことは間違いない。

巨大な石塊の下に粘土細工のように見える遠望

自然の岩の力強い造形と石積みが織りなすダイナミックな空間

クリフパレス

　巨大な岩塊の下に築かれた集合住宅は，遠くから眺めると周りの壮大なスケールに惑わされて，子供の作った小さな粘土細工のように見える。しかし，実際にそこに足を踏み入れてみると，自然の岩の力強い造形と人の手による石積みが織りなすダイナミックな空間にまず圧倒される。しばらくすると，壁面に穿たれた開口や壁から突き出た丸太の不規則な配置が見せるユーモラスな表情にほっとさせられ，また岩の懐に抱かれた安心感を味わうことができる。

　多層の住宅前の石畳に口を開けている円形のピットは，一部復元されているように，もともとは小さな入口を除いて覆われた「キーバ(kiva)」と呼ばれる地下室であった。梯子でキーバに降りると，暗くひんやりとした空間には，外部とは隔絶された静寂があり，宗教的な儀式が行われたという。

　彼らの伝説では，人間は地下にある三層の世界を経て地上の現世にやって来たとされているが，キーバの床のほぼ中央には，地下の世界と通じる小穴「シッパプ(sippapu)」が設けられている。そこでは宗教的行事以外に，村民の集会や社交の場として使われ，今日のあまり利用されない団地の集会場とは違って，多数の家族の円滑な共同生活のための交流が行われたコミュニティ・センターでもあった。　　（大野隆造）

壁面に穿たれた開口のユーモラスな表情

キーバへ梯子で降りるためにあけられた小さな入口

クリフパレス [Cliff Palace]

所在地：アメリカ，コロラド州，メサベルデ
年代：約800年前
用途：集合住宅

8．重層／レイヤー

マテーラの洞窟住居
地の端の集積

(写真提供：多羅尾直子)

　岩山ばかりの荒涼とした風景をたどりマテーラの市街地に入ると，特徴のない近代建築が周辺にスプロールしている，変哲のない小都市である。しかし，市街地のすぐ裏手，蛇行するグラヴィーナ川が深く浸食してつくりあげた渓谷に出てみれば，この驚くべき景観に遭遇することになる。

　水面に近い下部から最上部の市街地まで，川の西側の急斜面全体が複雑な構築物である。これは洞窟住居（サッソ）の集合体である。

　洞窟住居は，地中海周辺でしばしば見られるが，ここでは断崖全域に展開している。さらに建設に使われる材料が，どれも現地の軟らかい凝灰岩（トゥーフォ）のために，この集積物は，いったい自然の洞窟なのか，人が掘ったものか，人工の建築物か，建築物が廃墟となり自然に還ろうとしているのか，判然としない。

　住居形式としては，横穴の洞窟住居と，奥に洞窟をもち前面に部屋を加えた住居，全体を地上に建てた住居の3種類がある。さらに建築史家の陣内秀信氏によると，これらの住居の集合形式は，前庭や中庭をとって数件ずつが集合する南イタリアに一般的なものであるという。これらの住居の垂直の壁面と，2階前面のバルコニー，そのバルコニーを支えるアーチ，2階に上るため斜面に直角あるいは斜めにとりつく外階

マテーラの洞窟住居

段，曲がりくねる坂道などが，それぞれ互いに似ていながら微妙に異なる形状をして集合している。形の構成原理としては単純なものであるが，特別な地形と組み合わされることで，このような印象深い造形が生み出されるのである。

それにしても，観光客と修復をする職人以外，ほとんど人に出会わない。ここは住人が去った後の姿なのである。歴史をたどると，新石器時代にはすでにこの斜面に人が住んでいる。その後，8世紀に東方のギリシアから修道僧が集団移住して修道院を設けた（現在でも130もの教会がこの地区にあるという）。16

グラヴィーナ川の深い渓谷。最上部に新市街が見える。
(上)／グラヴィーナ川の対岸からマテーラの街を見る。
(中)／北斜面のサッソ・バリサーノ地区(下)
(中・下写真提供：多羅尾直子)

8．重層／レイヤー

世紀には、マテーラは1万人を超えるまで繁栄し、その後除々に高台の平坦部に街が展開している。そして、19世紀には平坦部とサッソとの間で社会階層の差が顕著になったのである。カルロ・レーヴィが『キリストはエボリに止りぬ』の中で、ここの住民の状況を、ダンテ『神曲』の地獄編になぞらえて描いたことでも関心を呼び、第2次大戦中に都市改造が行われ、ほとんどの住民が郊外に去ることとなった。サッソは貧困の象徴として見捨てられたのである。

しかし、近年ではその価値が見直され、再び移り住む人も現れている。市当局による再生計画も進んでいる。この景観が発する異様な迫力は、そのような長い歴史の集積が、一時に眼前に展開するためでもある。

(日色真帆)

チヴィタの丘の南西斜面(左)／サッソ・カヴェオーゾ地区のサッソ(洞窟住宅)(右)(写真提供:多羅尾直子)。

複雑に重なり合う住居群(左)／細い路地の間から思いがけないシーンが展開する。(右)

マテーラ [Matera]

南イタリア・バシリカータ州。張り出したチヴィタの丘に13世紀につくられたドゥオモがそびえる。丘の南側斜面がサッソ・カヴェオーゾ地区、北斜面がサッソ・カヴェオーゾ地区、北斜面がサッソ・バリサーノ地区。1993年に世界遺産に登録されている。

トレド
建築と都市の美しき融合

トレドの遠景。丘の上に折り重なるように建物がひしめいている。(写真提供：土肥博至)

　トレド駅に降り立つと，遠く黄土色にかすむ丘の上に，トレドが見える。太陽がさんさんと照りつける風土に，タホ河の流れが取り巻く町。さまざまな建築群からなるその景観は，いかにも南欧の街という風情を感じることができよう。また，街に入ってしまうとわからなくなるが，遠方から見ると，丘陵に折り重なるようにできている街の重なりがよくわかる。

　さて，駅から歩いて街に向かうと，街の玄関口に近づくにつれ，さまざまな建築的装置が目に入ってくる。まずは，タホ河に架かる橋とそこに立つ2つの門。次いで，トレドの象徴である鷲をかたどった壁，塔や城壁。さまざまな門は，街へ続く道の途中にあってあたかも踏み入れようとする者の歩みを阻止するかのように存在する。や

タホ河に架かるアルカンタラ橋から街を見上げる。(左写真提供：大佛俊泰)

8．重層／レイヤー　　147

サント・トメ通り。飾りはクリスマスのもの。中央はサント・トメ寺院の美しいデハル様式の塔。

塔より街を見下ろす。よく見ると瓦の色はさまざまだが，全体として統一感がある。(写真提供：横田順子)

っとのことで小高い丘まで坂道を登りきると，そこはトレドの心臓部ソコドベール広場。さらに進むと，スペインの教会の総本山でもあるカテドラルが中心性を誇示するかのようにそびえ立つ。

　このように書くと，トレドの街がまるで直線上になっているように思えるが，実際の旧市街はカテドラルを中心に迷路のような街路が縦横に走っている。道は狭く，車がやっと一台通れるほどの細い路地がほとんどである。その街路にへばりつくように高密度で建築物も詰まっている。したがって，街の中を歩くと旅人はすぐに道に迷ってしまう。トレドの街は，8世紀から400年間イスラムの支配を受けたものの，キリスト教をはじめ複数の宗教が存在し，科学，芸術などあらゆる分野で民族と宗教の枠を越えた交流が行われていたという。すなわち，ユダヤ教，回教，キリスト教といった各宗教への寛容さが，このような街のつくりを許したと言われる。

　入り組んだ住宅街の奥には，エル・グレコの家がある。エル・グレコはスペイン絵画の四大巨匠の一人で，生涯をここトレドで過ごした。夏には大層なにぎわいをみせるトレドの街だが，私が訪れたのはクリスマスも近い冬場。閑散とした通りに現代の旅人の姿が見えないぶん，中世の街並みが当時のままのように感じられた。400年前エル・グレコが描いた世界そのままに守られているのだ。アップダウンの激しい道路はもちろん

トレド

石畳で，そこを自動車が時たま走り抜けて行くその時だけ，現代に引き戻されてしまう。
　トレドの過去は栄光に満ちている。しかし，今日のトレドは，その過去の栄光にすがることなく自ら誇りをもって打出し細工や古い武器製造技術を守る小さな街として存在している。
(横田隆司)

街の全景。一番上の建物はアルサカル(写真提供：福井通)

トレド［Toledo］

スペイン中部，首都マドリッドから南に鉄道で1時間程度の所に位置する，ローマ時代前からの要塞都市。1561年にマドリッドに遷都されるまでは，首都として繁栄した。
紀元前192年にローマ人に占拠され，8世紀から400年間はイスラムの支配を受けたものの，キリスト教をはじめ，複数の宗教が混在していた。タホ河沿いという水に恵まれた土地のため鍛冶が発達し，刀剣の産地として有名。エル・グレコが生涯を過ごした町でもある。

街路の様子。向こうに見えるのはカテドラル(上)(写真提供：福井通)／アルカンタラ橋の街側にある門。橋の向こう側の門扉部から見える。(下)

8．重層／レイヤー

鞆の浦
海がつくる暮らしと空間の魅力

医王寺から鞆港と大可島を通して瀬戸内海を望む。

　鞆の浦の魅力はわかりやすさにある。船に乗り、海から見る鞆の浦は、海と集落が背後の山々と一体になり、優しく「巴型」に包まれている。集落のエッジに神社と寺院を配し、わかりやすい領域を構成する。

　古代より大陸との交流拠点として栄えた瀬戸内海は、多様な文化を重ね合わせもつ。海を介して伝わる文化は何層ものフィルターを通過して到着する。その文化は、既存の文化を刺激し、新しい文化のレイヤーをつくる。そして、その文化は次の地域に伝播する。瀬戸内海の漁村や港町には、陸の論理によって発展してきた近代都市とは対照

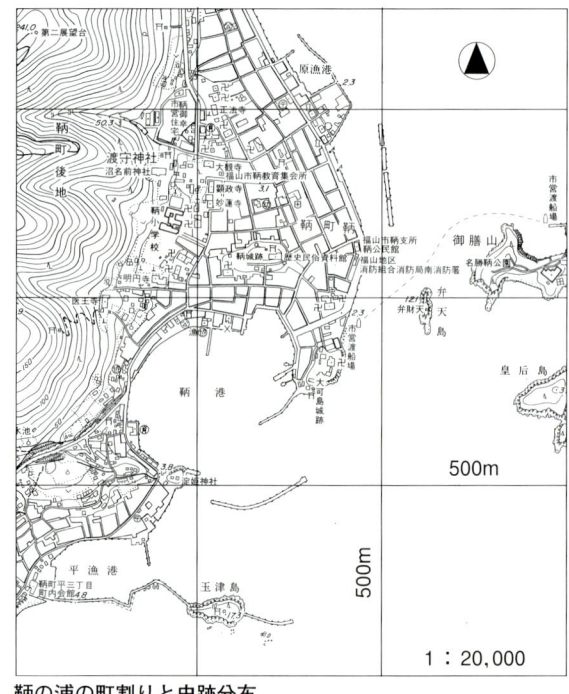

鞆の浦の町割りと史跡分布。

＊この地図は、福山市長の承認を得て、同市発行の2千5百分の1地形図を使用し調整したものです（承認番号　平12.福都第206号）

鞆港の入口を示す「常夜灯」と200年の歴史をもつ「雁木」(左上)／「常夜灯」と鞆港(右上)／阿弥陀寺と寺町の町並み(左下)／渡守神社から東へ海に向かう参道の大鳥居(右下)

街角に建つ酒屋(左)／格子窓をもつ町家(右)

的な，瀬戸内海文化圏といってよい海のネットワークが形成されていた。

　海からの来訪者を迎えるいくつかの施設がある。遠くからは鞆の浦の位置を示す「灯亭」，背後のシンボルとなる「山」や「社寺」，そして港の入口を示す「常夜灯」，さらに船着場の「波止」や「雁木」や「祠」である。これらの構成要素がセットとなり港の風景をつくる。

　鞆の浦には，17の寺院と14箇所の神社や祠がある。その分布から，港町・鞆が形成されてきたプロセスを読むことができる。特に神社や祠は，古代から中世，近世にかけて埋立てが行われた，それぞれの時代の海岸線に立地する。

8. 重層／レイヤー　　151

鞆の浦には、二つの海への軸の道がある。一つは渡守神社から地形の等高線に沿って南下する寺町を形成した軸である。もう一つは、医王寺から海岸線に沿って東に向かい大可島に至る軸である。この二つの軸線は、江之浦で交わり町の骨格をつくる。
　鞆の浦の魅力は、町並みと露地にある。地形の等高線に沿って海岸線と平行に形成された平入りの町並みと、山から海へ向かう細い露地につくられた妻入りの倉や白壁がつくる稠密な景観が私たちを引きつける。露地空間がつくる暑い夏の日陰と冬の日溜まりは、人々を住まいの中から外に誘う。

（齋木崇人）

街角の祠(左)／露地の町並みを歩く家族(中)／祭りの提灯と町家(右)(左右写真提供：土肥博至)

祭りの幕を張った町家（写真提供：福本佳世）

祭りの風景　(写真提供：福本佳世)

鞆の浦

瀬戸内海のほぼ中央に位置し、沼隈半島の東南部と走島、仙酔島を含む地域。広島県福山市の旧鞆町。港が巴の形をし「巴津」とも呼ばれ、古くからの港町。中世は軍事拠点、近世は朝鮮通信使や諸大名に利用され、寺町や町並みが色濃く残る。鞆公園は国名勝に指定され、瀬戸内海国立公園の一部をなす景勝の地。

9 領域／テリトリー

　われわれは古代から，地形と植生で覆われた環境の中に，巣づくり，縄張り，記号，印，言語，そして構築によって，特別な活動の場を形成してきた。人間が環境の中で，精神的にも肉体的にも安心して暮らせるのは，他者との距離を確認することができるからである。つまり，建築・都市空間に「場」の創造をすることは，言い換えれば「領域／テリトリー」をつくることに等しく，人間の基本的な衝動行為なのである。したがって領域／テリトリーはゲシュタルトの原理に等しく，地上になんらかの尺度をもたらすテクスチャーの造形や特別な境界の設置によって，明瞭な「図」として現れてくるのが通例である。

　しかし，領域／テリトリーは，相対的な他との差異によってのみ現れる「図」だけではない。誰の眼にも明らかな強固な存在や，物理的なテクスチャーの変化によってもたらされる境界などは理解されやすいが，文化の背景を知らない者にはまったく見えない「結界」の存在などもあり，領域の強さは必ずしも物理的な強弱や可視不可視に依存しない。よって，この差異の表現をどのようなレベルと事象で行っているのかを見ることが重要であり，興味深いのである。

　ここで取り上げる事例は，神のための聖域の演出，境界内の永遠性を願った囲み，集団の結束を守るべくして演出された中心性，生活様態がそのまま領域を形成した海上集落と山村集落など，いずれも領域／テリトリーの「場」を空間表現にまで昇華させており，趣味嗜好や社会性，個や集団の思想が色濃く反映されている。　　　　（鈴木信弘）

熊野神社長床
夢想する床と大屋根

屋根と基壇の間に浮遊しているように見える床

大屋根の重みは44本の柱で支えられる。

　熊野神社長床は，蔵の街，喜多方市街より西南に広がる田園を車で15分位のこじんまりとした集落の中心に位置する。小高い山を背にした神社周辺は，集中的に木立に囲まれている。参道の両側は延び放題の杉の大木がひたすら垂直方向を強調して両側を固めているため，視界は縦に絞られ，効果的に裏山と空の大きさを見せている。

　太い注連縄をたたえた鳥居をくぐって，参道の先にわずかに見える屋根の存在に期待感をもって歩いていく。正面に位置する建築の全貌が見えてくると，長床は想像以上に長く，そして圧倒的な雄大さをもって眼前に立ち現れる。先ほどまで縦方向しか見ることのできなかった意識を急に横方向に変換させられる演出が，境内でこの建築を随分幅広に感じさせるのだろう。

　それにしてもこの建築は，訪れた者を圧倒する。天からの重みすべてを受け持っているかのような重厚な屋根，その重力を支えるべく大地を固めたような低い基壇にしっかりと支えられた44本の柱は，天と地の隙間をなんとか獲得しようと力強く林立している。すべての架構が自然の中に切り取られた場所（領域）を創るためだけに存在し，建築がつくりうる風格と場所の起源をそこに見ることができるのである。

　現存する長床の大きさは，柱間273 cm，幅9間（約24.5 m），奥行4間（約10.9 m）であり，鎌倉時代の遺構としてそれだけでも貴重な建築であるが，1611年の大地震で倒壊する以前は，柱間約303 cm，幅13間（約39.4 m）であったという。現在の長床より15 mも長いとは，さぞ雄大な光景であったことと思われる。

　裏手に位置する熊野神社本殿の階段上から長床を見下ろすと，基壇からわずか1尺程度持ち上げられた床板は，太陽の光を受けて鈍く光り，屋根と基壇の重圧な隙間に

9．領域／テリトリー

建具はなく，柱が林立するため用途は限られる。

かすかに浮遊しているように見える。

　重力を克服した浮遊する床は，一体何をする場所だったのか。公式には拝殿とされているが，実際の用途はよくわかっていないらしい。

　誰もいない境内の長床に静かに座り，心拍が環境に同化するほどに呼吸を落ち着かせて夢想してみる。すると次第に気付くのは，この床は存在そのものが普遍的な価値なのである。特定の機能を満たすために存在するというより，純粋な構築によって造られたこの領域そのものが魅力なのだとわかってくる。長床の魅力は，必要最小限の構成でありながら，実に多くの豊かな体験を空想できる象徴性にあり，日本の伝統そのものである。ともあれ現代を生きるわれわれが，建築がつくり出す「場所」の原始的な体験ができるものである。

（鈴木信弘）

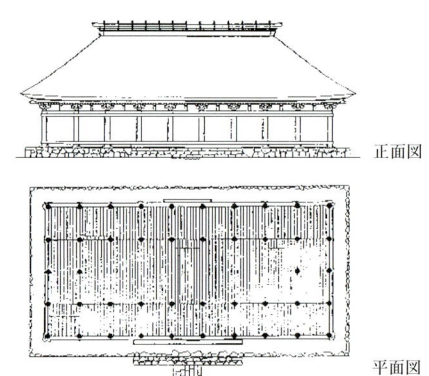

正面図

平面図

（作成：早稲田大学理工学部建築学科建築史研究室）

熊野神社長床

所在地：福島県喜多方市慶徳町新宮字熊野
建設年代・時代：鎌倉前期寛治3年(1088)と推定される。慶長19年に再建（重要文化財）。
用途：拝殿，修験道場であるといわれるが，実際のところは不明。建設当時は13間の長さであったことを考えると，壮大な長床であったことが想像できる。
規模：正面9間，側面4間，寄棟造，茅葺き
設計者・建設者：源頼義・義家父子

宗廟
場所の力を感じる石畳の庭

矩形の前庭中央を正殿から神に向かって真っすぐに伸びる神の道

　宗廟は，朝鮮王国の歴代の王と王妃の神位を奉安し，王が直接祭祀を行う場所であり，儒教世界の先祖崇拝を建築化した神々のための霊廟空間である。

　中国周代以来の王都の配置は「左祖右社面朝後市」の原則によるが，朝鮮王朝の都ソウルもその例外ではない。王宮を中央に配置し，左の東には祖先を祀る宗廟を設け，右手の西には豊作を祈願する社稷壇を配しているのである。宗廟の位置する地形を俯瞰すれば，後山から2つの屋根が延び，高さの足りない前方にはさらに築山を施し，すっぽりと霊廟を囲んでいる。この世の王宮は，陽宅として前方が開けているのに対し，死後の世界の霊廟は，陰宅としてその中心が籠もる形を吉とする風水の説に拠っている。また，2つの屋根の間には清水が流れ，その水を陽，不動の山を陰と見立てて形象を整えている。

　宗廟は19代の王・王妃の神位38位を奉安する正殿と，15代の神位を奉安する永寧

正殿。白い重厚な石畳，朱の列柱，灰色の屋根はまさに東洋のパルテノン。

殿，それに祭事保管と事務を司る斎宮のおおむね三つの領域から構成されている。中心となる正殿は，正面19間，奥行3間，その左右，東西にそれぞれ3間ずつの翼舎が付き，その前に「月台」と呼ばれる石畳の庭が広がり，周囲を高塀が矩形に囲み込んでいる。韓国の単一建物としては最も長大であり，その美しい列柱の外観と神々のための空間という2つの共通点から「東洋のパルテノン」と呼ばれ，親しまれている。正殿の各柱間ごとには，門框に簾と板戸が付き，各代の王と王妃の神位が奉安されている。

列柱の各柱間ごとに簾と板戸が付き，奥に神位が奉安されている。

15代の神位を奉安する永寧殿，確かに場所の力を感じさせる。

　平たい粗石を大胆に敷き詰めた月台の白い「石畳の力」は圧巻である。神門に立った参拝者は前庭の矩形平面と，その奥に建つ正殿の棟線が描く円弧との幾何学的組合せから，この世（月台）は四角，天（正殿）は円，という中国古来からの宇宙の構図「天円地方」を連想することになる。

　神門から正殿石段まで，前庭の中央を真っすぐに突っ切って，歴代の王の霊魂以外は誰も踏み入ることのできない象徴的な神の道が続く。注意深く見ると，石段の隅石には雲文が彫ってあり，天空への階段を示唆している。矩形の白い月台と垂直の朱の列柱，それに円弧を描く灰色の屋根の織りなす空間構成と色彩の調和は，儀礼を全うするためのヒエラルキーであるとともに，天上と地上の応答を見事に建築化した表現といえる。

　木立に囲まれた自然の地勢のなかで，宗廟は人工の秩序を一層際立たせ，聖域の美しさを引き立たせる。今日も毎年1回だけ，ここで5月最初の日曜日に祭礼が執り行われているのである。

（冨井正憲）

宗廟

国名：韓国
所在地：ソウル特別市鐘路区薫井洞2-1
規模：敷地6万6,600坪
完成：朝鮮王朝太祖3年(1394)12月造営開始，翌年9月竣工，1952年壬申の乱で焼失。1608年正殿を再建し，併わせて別廟永寧殿も重建。
設計者：不明

旧閑谷学校
石垣に囲まれた静寂

　閑谷学校は，1666年（寛文6）備前藩主であった池田光政が，自分の墓地を選定するために各所を視察した際の候補地の一つであった木谷村に，武士の子供の教育を目的とした道場を建設したことが始まりである。

　敷地は山陽道から2kmほど奥に入った，山深く水の流れる清閑な窪地を開拓したものであり，いつしか閑谷（しずたに）と呼ばれるに至る。緑の色濃い自然に囲まれ，眩しいくらいに清楚な印象を受けるのは，敷地全体が瀬戸内特有の淡い白砂で敷き詰められているからであろう。備前焼の瓦屋根に彩られた建築群も，その鮮やかな色彩の対比が美しく，儒学の殿堂に相応しい風格をつくり出している。特に中心に位置する講堂は，3×2間の母屋に広い庇をめぐらし，さらに外側に吹きさらしの縁を設ける三重のヒエラルキーを骨格にもつもので，床は黒漆で鏡のように光り，力強く美しい建築である。

　さて，この学校で最も特徴的なのは，施設群を取り囲む石塀である。敷地の周囲765mを囲んでいる石塀は，ユニークな蒲鉾型の形状である。その積上げ方は，精緻を極めていながら不整形な敷地にうねるように続き，ぬめっとした竜や蛇のウロコのようでもあり，圧倒的な存在感をもつ。唐様の模倣であると言われるが，中国の庭園によく見られる装飾に嗜好を凝らしたどろっとした質感と比べると，抽象的でありな

旧閑谷学校

がら微妙なテクスチャーをもち，好感がもてる。この石塀の材料は，背後の山を削って造成した際に出たものであるが，鎮守の山を切り崩したその素材を用いて，学校の領域を守る部位に変換しているという視点で見ると面白い。

この堂々とした石塀は，池田光政の学校教育に対する情熱と理念と永遠なる持続への願望が反映したものである。現在の学校に度々見られる，単に物理的な境界として造られたちゃちな金属フェンスやブロック塀とは比べ物にならないくらい，この厚みと存在感に大きな意味と期待と情熱を感じる。学ぶという空間に対する閾としてのはっきりとした造り手の主張が垣間見られる。

歴史の幾度にもわたる変遷の中で，明治，大正の時代には，塀内外に校舎が建

敷地裏手の山の斜面にもかまわず続き，まるで生き物のようである。

てられた時代もあったが，この学校が300年以上もこの地にあり続けているのは，学校を現在までこの姿に伝え続けている強い境界としての石塀の存在である。領域の圧倒的な存在感が多くの人を魅了し，地域の有志たちを守り続けてきていると言ってもいい。人間が成長し記憶を重ねていく中で，「守りたいと願う領域」が建築の存在に

不整形な敷地をぐるりと石塀が囲んでいる。

9．領域／テリトリー

石塀の厚みは1m以上あり，どっしりとしている。

石塀のディテール。奥に見えるのが講堂。

よって成立するならば，それは素晴らしいことである。閑谷学校の石塀は，「学校」という空間とその時間(とき)を，静かに守ることで成立させている好例ではないだろうか。　　　　　（鈴木信弘）

旧閑谷学校

所在地：岡山県備前市閑谷784
建設年代・時代：聖廟は貞享元年（1684），東御堂は貞享3年（1686），講堂・石塀は元禄14年（1701，特別史跡・国宝・重要文化財）
用途：もともとは修験道場，現在の学校形式の始まりである。当時は自給自足の組織であり，生産から学習までを行っていた。
規模：石塀延長764.9m。閑谷神社，聖廟，講堂，学寮からなる一群の建築
設計者・建設者：岡山藩主池田光政の創設，長男綱政の建設

グランプラス
華やかな囲繞感

夜のグランプラス。左が市庁舎，正面がギルドハウス，右が王の家。(写真提供：金子友美)

　装飾豊かな建築が取り囲んでいることが，この広場に華やかさを与えている。約110m×70mのほぼ長方形をした広場の周囲を見回してみよう。南西側は市庁舎で，後期フランシスゴシック（フランボワイアン）様式でつくられている。向かい合う北東側は王の家で，19世紀に再建されたものだが，こちらも垂直線の多いゴシック様式である。これらに対し，南東の一辺はブラバン公爵の館で，6つの建物をファサードでつないでおり，イタリア的バロック様式である。北西の一辺と，市庁舎の並び，そして王の家の並びには，ギルドハウスが建ち並んでいる。これらは，間口が狭く破る風をもつ縦長のファサードで，金箔を散りばめた，書割りのようなバロック様式である。このように緻密で繊細で過剰なほどの装飾に囲まれると，コクトーが「豊穣なる劇場」と呼んだのもうなずけることである。　劇場の喩えどおり，この広場ではいつも何かしら特別な出来事が演じられている。7月の初めには，ぐるりと進行するとい

う意味のオメガングが行われる。かつての支配者カール5世役が先頭に立ち宮廷貴族, 馬にまたがる騎士, ギルド職人, さらに道化師が続く, いわば時代祭である。隔年の8月には, 広場がフラワーカーペットで覆われ, 4月から10月は毎年, 音と光のショーが行われる。クリスマスには, 樅の木が飾り付けられ, イルミネーションが施される。他にも数多くのイベントが行われるのである。

この広場は, 11, 12世紀に市場が開かれる場所として始まった, 市場(マルクト)広場である。ヨーロッパ中世都市には, このように現世的な活動の中心となるマーケットの広場を街の中央にもつ例が多い。なかでもフランドル地方(ベルギー)は商取引が盛んで, この広場を取り巻くギルドハウスは, パン職人, 油商, 大工・家具職人, 射手, 船頭, 小間物商, 肉屋, ビール製造業者, 仕立屋, 塗装工などのギルド(同業者組合)の会館である。

歴史を振り返ると, 市庁舎は13世紀から建て始められ, 左側のみであったものが, 15世紀になって右側部分と, 街

市庁舎の前に花市がたつ。右手はギルドハウス(上)／石畳が美しい夕暮れ時の広場。右手が市立博物館になっている王の家(下)
(上下写真提供：金子友美)

グランプラス

の守護神聖ミカエル像を頂く高さ96mの中央の塔が完成している。実際に王が住んだことのない王の家は，1515年にカール5世の命によりブラバン公爵が建造したもので，スペイン支配下ではスペイン政庁に，宗教改革時には新教徒を監禁する牢獄として使われている。1695年には，ルイ14世による砲撃を受けて，ほとんどが木造であった広場周辺の建物は，市庁舎以外の大半を焼失しており，その後石造で再建されている。王の家にいたっては，1895年にあらためてカール5世時代の姿に再建されたのである。

このように，広場を構成するものも，そこで行われることも，頑なまでに保守されてきたのである。そのことが，この場所の変わらぬ高い評価の理由でもあろう。

(日色真帆)

市庁舎の南に並ぶギルドハウスの詳細（上）(写真提供：土肥博至)／ブラバン公爵の館。ホテル，レストランなどになっている。(下)(写真提供：多羅尾直子)

グランプラス [Grand Place]

ベルギーの首都ブリュッセルの中央にある広場。市場広場が起源で，オランダ語ではフローテマルクト (Grote Markt：大きな市場) と呼ばれている。スペインの暴政に対して立ち上がったエフモント伯とホールン伯の処刑（1568年）が行われたのもこの広場である。

9．領域／テリトリー

ティカル
天と応答する領域

神殿Ⅱ上部より中央広場を通して神殿Ⅰを見る。階段部分は急峻で上から見るとほぼ垂直に見える。左側には北アクロポリスがある。

ティカルの中心部の復元模型の一部。壮大な都市センターだったことが理解できる。

　ティカルは，グアテマラ共和国にあるマヤ文化の代表的な遺跡である。最古は紀元前200年にまでさかのぼり，紀元300年～900年にかけて栄えた神殿都市で，最盛期には5万人が住んでいたと推定されている。都市が放棄された理由は謎である。
　鬱蒼と生い茂る熱帯ジャングルの中に，中央広場を取り囲む神殿遺跡群を中心に，複数の建築が天と応答する領域を構成するかのように建っている。巨大なピラミッド，天を目指す神殿群，祭壇や石碑，壮麗な宮殿，霊廟や墳墓等が，マヤ最大の祭祀センターであったことを暗示するかのように樹海のなかに林立している。
　ここで取り上げるのは中央広場まわりの建築群で，広場を中心に東に1号神殿，西に2号神殿，北に北アクロポリス，南に中央アクロポリスが配された約200m四方の空間である。さらにまわりには，複数の広場や神殿などが1km四方程度のセンターゾーンを構成しているが，樹木に覆われ視覚的には一望できない。
　中央広場の空間は，まわりを取り囲んでいる建築群の形態がピラミッド型をしているために，天に向かって開いて見える。広場に立つと，天と応答する領域を構成しているように見えるのである。きわめて構築的な空間だが，不思議な解放感と神聖を帯びた領域を感じさせる空間である。宇宙との交感の場ではなかったかと考える人々がいるが，ジャングルの中にポッカリと天に向かって開いた美しい沈黙の廃墟は，そうしたことを想像させるだけの空間の魅力がある。

9．領域／テリトリー

空間構成や演出的視点で見ると，この空間の魅力は，階段と基壇が創りだす多様な視点場の立体空間を体験できることにある。天への階段を上りながら広場まわりの空間を見渡すと，見る位置や方向により刻々と空間が変化する。各々の建築がシンボリックに自立的形態をとりながらも広場を中心とする外部空間を構成しているために，連続的な立体床の視点場により空間がさまざまに変化する。上るに従い次第に鳥瞰的視点となり，最上部に上ると，見渡す限りの球形の樹海を見る感動を体験できる。　　　（福井　通）

開放的な中央広場より北アクロポリスを見る。さまざまなレベルの基壇を大小の階段がつないだデザインとなっている。

ピラミッド上部より中央広場方向を見る。広大なジャングルの中に神殿や他のピラミッドが頭を出している。(左)
中央アクロポリスの上部。向こうに神殿Ⅰの側面が見える。(右)

中央アクロポリス内のひっそりとした広場。ジャングルが目の前にある。

ティカル［Tikal］

所在地：グアテマラ，ティカル
年代：3〜9世紀
用途：神殿他・聖域
規模：中央広場周辺約200ｍ四方，神殿の高さ約40〜65ｍ，全体は広大な国立公園内にあり発掘中

スルー諸島
海上に組み立てられた生活空間

　スルー諸島はフィリピンのミンダナオ島，マレーシア，インドネシアのボルネオ島，スラウェシ島に囲まれる海域に位置する。かつては，イスラム教のスルー王国がつくられていた地域であり，漁業や海上交易など住民の生業は主として海に依存してきた。
　スルー諸島に住む人々の中で「バジャオ族」と呼ばれる集団は，伝統的に陸地に家を所有せず，常に家船で生活してきた。漁をしながら，漁場から漁場へと移動する一家は，小さな船に家財道具や漁具をのせ，海を漂いながらの暮らしをしてきたのである。現在では，バジャオの人たちも漂海して生活している者は少なくなり，かわりに高床式の杭上家屋で暮らすようになっている。
　杭上家屋は，遠浅の海岸上に2～3mほどの杭を立て，その上に箱型の家屋をのせるものである。スルー諸島の島では，海岸から海上に細長い桟橋を張り出し，そこから高床式の家屋が有機的に連なっている姿が多く見られる。こうした陸から派生している海上集落は，他の東南アジアの地域でも見ることができるが，この地域に特色的なのは，陸地を持たない海上にも家が建てられることである。一つの家屋が海上に単独で建っているのではなく，家と家が連なってマングローブのような集落が形成され

ている。

　陸から切り放たれた海上に杭上家屋の集落が存在し得るのは、スルー諸島近辺の緯度が低く台風の発生地帯から外れていることがある。しかし、わざわざ遠浅の海の上に杭上家屋を建てるのは、それなりの理由がある。ひとつは涼しい風が吹いてきて快適なことであり、また内陸に比べてマラリア蚊などの虫がいないことである。さらに生活上のゴミなどを満潮時の海水が持っていくために衛生的なことや、なによりも家の真下に船をつなげられることで、出漁や交通に便利なことが大きい。

　海上の家屋では、床と海面との間に、1〜2mほどの空間がある。その空間は

家屋の杭には舟が結びつけられている。

突堤から張り出した高床式の路地。路地から家屋が派生していく。

舟が通行するための立体交差

船が移動する場所であったり，子供の遊び場ともなる。時には床の穴から人の排泄物が落ちてくることもあるが，海と生活のおおらかな関係にまったく不自然さは感じない。高床式の家屋は，それぞれ細長い橋で結ばれているが，その所々に「パンタン」と呼ばれる広いテラスが備えられている。パンタンは，海草や魚の日干しや加工などに使われるほか，洗濯や調理などの家事や遊び場にも使われるものである。この場所は，近隣とのコミュニケーションにも活発に利用されており，時には結婚披露宴やイスラム教の割礼儀式など重要な社会行事が行われることもある。

　こうした海と隣接して組み立てられた生活空間は，ヴェネツィアと比較できる。両者は水辺に有機的に展開された共通した空間の魅力をもっている。しかしヴェネツィアのほうは，細かく張り巡らされた海路はあくまで安定しており，建物と海との関係は恒常的なものである。一方，スルーの集落は，構造的にも，また実際に家屋を移り変えることがあることによっても，仮設的なものと捉えられる。ここでは海への依存があまりに強く，建築は地に根差したものではなく，海という床に移動可能な椅子を置いているような存在に見える。彼らのテリトリーはいつも海洋の中にあり，その中を漂いながら生活空間が形成されている。（小林茂雄）

テラスで行われる割礼のための儀式

スルー諸島[Sulu Islands]

フィリピンのミンダナオ島南西部からボルネオ島北島部にかけて，ほぼ列状に点在する島々。そこに居住するバジャオ族は，伝統的に家船で漂流生活を送ってきたが，20世紀の中頃より，陸地や海上に木造の高床式家屋を建てて生活するようになった。

9．領域／テリトリー　171

白川郷・五箇山
風景と融合する合掌造りの集落

荻町集落。南北に直線的に走る近代の自動車道，網の目にようにつながる近世以来の小道，規則的に南北に棟を配し，三角形の妻を見せる合掌造りの民家。それらが織りなす景観が見事である。

　岐阜県北西部・富山県南西部が県境を接するこの地は，古来，飛騨白川郷・越中五箇山と呼ばれた。急峻な白山山地と飛騨高地にはさまれ，南から北に山あいを縫って流れる庄川沿いに山村集落が散在する。有数の豪雪地帯で，明治や大正までは近代的交通機関から隔絶した辺境の地であった。自然条件が厳しく，耕地が少ないこの地では，分家することが困難で，江戸時代後期から明治期にかけては，養蚕・焼畑など大家族による共同労働を余儀なくされ，大家族制度が残存し，茅葺きの大きな切妻合掌造りの民家が発達した。それらは，葺替え作業等に村人の相互扶助（ユイ）を前提に成立しており，そのためほぼ同一形式・同一規模からなっている。

　この地に大きな変化が生じたのは戦後のことである。電源開発の波が押し寄せ，村々の間を流れる庄川に御母衣ダムなどが相次いで建設された。ダム建設に伴い道路も整備され，辺境の地であった白川郷・五箇山も近代化が進み，生活様式も変貌した。

　世界遺産に登録された岐阜県白川村荻町と富山県平村相倉・上平村菅沼は，合掌造

菅沼の集落。小さな集落だが，合掌造りの民家と周囲の田畑や山林とが融合し，落ち着いた雰囲気を醸し出している。(上)／荻町の合掌造りの家並み(下)

りの民家が良好に残された集落である。

　合掌造りは，大きな2本の斜材（叉首）を山形に急勾配に組んで，屋根裏に大きな空間を確保する切妻造りの茅葺き民家である。大きな屋根裏は，二重〜四重に簀の子天井を張り，妻に採光・通風のために明かり窓を設け，養蚕などに利用されていた。

　荻町集落を例にみてみよう。荻町集落は，白川郷の中でも大きい集落である。集落の中心部は，湾曲する庄川右岸の南北1,500m，中央部の最大幅東西350mほどの段丘面に広がっている。

　道路網は，近代に造られた南北に縦貫する国道，近世以来の集落内を網の目のように結ぶ小道からなる。国道は数箇所で緩いカーブを描きつつ直線的に走っている。一

相の倉の集落。山あいの風景のなかに、大屋根と三角形の妻面が独特の景観をつくり出している。
(上)(写真提供：小玉嘉裕)。相の倉の初春。残雪が残る。(下)

方、小道は地形に応じて、自在に折れ曲がり、一定の規則性はない。これらの道路の幅員は国道で6m、その他の小道で2〜4mと、いずれもヒューマン・スケールである。小道沿い、あるいは屋敷地や耕地の間を縫うように水路も自然地形に応じて流れている。

屋敷地は比較的狭く、その領域は、道路・水路・耕地によって区切られるが、視覚的には境界が明確ではない。一方、大屋根と大きな三角形の妻面を強調する合掌造りは、庄川に平行、すなわち南北に棟をそろえて規則的に建ち並ぶ。それらが合わさって、風景のなかに大屋根と三角形の妻面が融合する独特の景観を生み出している。田畑や山林など豊かな自然環境のなか、同一形態・同一規模の民家が規則的に群となって並ぶ様子はきわめて印象深い。　　(津田良樹)

白川郷・五箇山

所在地：岐阜県大野郡白川村，富山県東砺波郡平村・上平村
建設年代・規模：白川郷・五箇山地域で，18〜19世紀初の合掌造り民家が140棟ほど残る。
用途：住宅

われわれは，時として自分を取り巻く周囲のものや空間に強く抱かれていることを感じることがある。その時，安らぎや心地よさを感じたり，緊張や場合によっては恐怖を感じたりする。それは，建築や都市のような人工的な空間に対してだけでなく，森の中や谷間や洞窟などの自然の空間についても抱く，普遍的な感情，感覚である。その内容や程度は人によってさまざまであっても，感じることは共通であろう。
　建築の内部空間は，そもそも外部に対して守られた空間であるから，内包という特

10 内包/コノテイション

性を備えている。ここで取り上げるのは，こうした内包感を強く感じさせるような演出が，さまざまな動機と方法によって実現されている事例である。建築の中でも最も内包感を必要とするのが宗教建築であることを考えれば当然かもしれないが，ヨーロッパの近代の教会建築が3例含まれている。これらは，それぞれ有機的形態，光の扱い，視線の誘導という特色ある演出がなされている。内部空間の事例としては，他に音楽ホールと図書館が1例ずつで，音響と空間，個人的営為と空間の関係を追及した演出の典型である。
　外部空間としては，住宅と大学の中庭が1例ずつと都市の広場が1例である。ある種の中庭は，外部ではあるが内部以上に内包的であることはよく知られているし，都市広場も，空間密度が高まれば場との一体感を強く感じることができる。これらの例では，楽園の小宇宙，静謐な思索の場，渦巻く熱気の空間の創出にそれぞれ特色をもっている。
　このような内包感を生み出す方法は多様であるが，その外側の空間との間に明確な遮断性をもつこと，何らかの求心性をもつこと，人間の身体性に対応するスケールをもつことなどは，必須の条件であろう。

（土肥博至）

コロニア・グエル教会
幻想的な造形がつくり出す胎内的空間

（写真提供：大佛俊泰）

天井には色とりどりのタイルでモザイクが施されている。 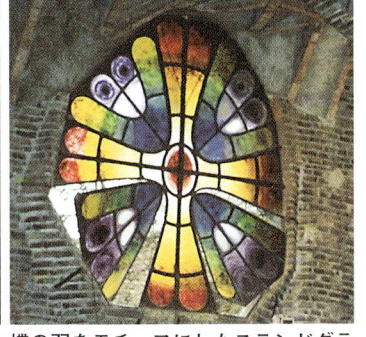　蝶の羽をモチーフにしたステンドグラスの窓

椰子の木をモチーフにした柱と梁（写真提供：金子友美）

　さほど大きくはない礼拝堂の内部に立つと，まるで鍾乳洞の中に入り込んだかのような異様な感じを受ける。直線的で単純明快な近代建築の空間を見慣れた目から見ると，どこにも垂直な線，水平な線が見あたらない内部空間は，奇妙な感じで見るものを包み込んでくる。

　あたかもフリーハンドで描いたラフスケッチか，粘土で作ったラフなスタディ模型を，そのまま原寸で作り上げてしまったかのように，柱や梁，壁や天井のどこにも直線や平行の規則性は見あたらない。切り出したままの荒削りな石柱は，ごつごつとした肌合いのまま上方に伸び，それがまた不整形な梁へとつながり，全体として椰子の木をモチーフとした架構全体を構成している。そして，粘土で作り上げたような内部空間の表面に割れたタイルをモザイク状にびっしり張り付けた天井，さらに蝶の羽を

10．内包／コノテイション　　177

異様な形をした窓は外側にもモザイクタイルで装飾が施されている。(左写真提供：土肥博至)

モチーフにしたステンドグラスがはめ込まれた独特の曲線を多用した窓，ガウディ自身がデザインした椅子や聖水受けに見られる曲線，それらのすべてが集まって，異様な，そして幻想的なこの空間をつくり出している。

　グエル邸やグエル公園，カサ・ミラ，サグラダ・ファミリアなど，ガウディの一連の作品に見られる特異な造形が，内部空間に凝縮されたようなこの礼拝堂のたたずまいは，しかし結果的に，素朴で親しみのある豊かな空間となっている。

　小さな林の中に建つこの建物は，当初この地域の紡績工場で働く従業員とその家族のための教会として計画され，その一部である半地下部のみが完成，礼拝堂としたものである。中央祭壇裏の小部屋にガウディ自身が描いたスケッチによる完成予想図が残されている。計画された教会全体が完成することはなかったが，一見非科学的に見える教会全体の架構は，逆吊り実験模型に見られるように力の流れを非常に合理的に捉えたもので，ここで試された構造実験が巨大なサグラダ・ファミリアの構造にも生かされている。

(柳田　武)

教会堂入口と屋根に続く階段

コロニア・グエルの地下礼拝堂
[Iglesia de la Colonia Güell]

所在地：スペイン，バルセロナ郊外・サンタコロマ
建設年代：1898〜1914年
用途：礼拝堂
設計者：アントニオ・ガウディ

ベルリン・フィルハーモニー・ザール
聴衆との一体感を醸し出す音楽の空間

ステージは一番底にあり，全席からオーケストラ全体を見渡せる。(写真提供：本杉省三)

　世界一の音楽ホールであるとともに，20世紀ヨーロッパ最高の室内空間である。
　誰もいない時であっても，いささかの空虚さもないこの空間に足を踏み入れた瞬間に，ひしひしと身に迫る空間感覚と高揚感は，F. L. ライトの帝国ホテルのロビーを思わせるものがある。しかし聴衆で埋まって，優れた音楽が演奏されているときの雰囲気はさらに感動的である。
　「音楽のもつ空間性」は，バッハのマタイ受難曲のように古くから音楽に内在するものであったが，特にマーラー以降の音楽や20世紀の演奏様式の強い特徴であり，もしそれを聴衆に感じさせないホールであれば，それだけで現代性がないということにな

ぶどう畑（ワインヤード）に似た空間構成

る。これは聴覚と視覚の相俟ったものであり，両者を分離して考えることは，このベルリン・フィルハーモニー・ザール（B. P. S.）以降では意味を失うものといってもよいだろう。

　H. シャローンが如何にして，このような合理的かつ独創的な形を編み出すに至ったか私は知らない。その合理性とは，はっきりとオーケストラの演奏を聴くということはどういうことかを意識して設計されたということである。ごく簡単にその概要を述べると，①客席は舞台にできるだけ近いこと，②オーケストラ全体をある程度の俯角をもって見渡せること，③前方の席の人の頭や，手すり・壁などによってオーケストラが欠けて見えなくなる範囲を小さくすること，などである。さらにB. P. S. では1階土間の床が，座席の横方向にも勾配をもたせていることにも驚かされる。

　そして，「よく見える」ということは，生の演奏を聴く意味のかなりの部分を占めていることであるし，具体的には直達音を重視した各楽器の聴こえ方とその分離性・定位性からオーケストラ音楽の空間性へとつながることであることはいうまでもない。

　B. P. S. では座席を200席ごとくらいにブロックに分け，座席位置のアイデンティティーを獲得するとともに，全体にシャープな感覚を与え，そのためにできる壁面を反射面に利用している。バルコニー席のないこの構成が，舞台を中心に聴衆がそれを囲む感じを強調して，演奏家と聴衆・聴衆どうしの関係と一体感を醸し出し，音楽の感動を一層増幅することになる。

　B. P. S. でもう一つ特筆すべきことは，ホワイエの素晴らしさであろう。日本のホールがいろいろな意味で聴衆のための設計がなされていないのに対して，ここでは非常に独創的な空間となっている。面積はかなり広く，大きな吹抜けの中に多数の階段があって，1階のホワイエ，さらに上階のバルコニーと続く空間構成は見事であり，最上部から見下していると，開演の合図とともに大勢の人がいっせいに，それぞれ異なる方向へ歩き出す様は見物である。ここでも人と人との関係が空間化され，その意味でF. L. ライトの有機主義的空間構成を超えて現代的なものへと抜け出しているのである。

（船越　徹）

ベルリン・フィルハーモニー・ザール

ホワイエの内装はきわめて簡素だが，空間構成は素晴らしい。シャローンはホール内部と呼応した空間構成を全体として設計している。
ここでは人と人との関係（mutual spectatorship）や，人の動きまでもがデザインされている。(左上・左下・右写真提供：本杉省三)

原外装は素朴なコンクリートだった。

ベルリン・フィルハーモニー・ザール
[Die Berliner Philharmonie Saal (B.P.S)]

1956年に行われた指名コンペで，視覚的な工夫に満ちたアリーナ型の，まことに独創的なハンス・シャローンの案が採用され，1963年に完成した。これはベルリン・フィルの本拠地であり，2218席・11m³／席の容積・1.9秒の残響時間をもつ。小ホールはシャローンの死後，弟子によって完成され，また外装も金属パネルに直された。

10. 内包／コノテイション

ヴォクセンニスカ教会
白光に包まれる聖の空間

身廊と三つの大きな窓がついている東側の壁は，詩的でバロック的な印象を与える。(左上)／木の椅子は神聖な空間に暖かみを与える（南面の高窓の光はアグレッシブである）。(右上)／引込み式の可動間仕切りにより，身廊は三組の小さな空間に分割される。(左下)／高窓の詳細（縦長のガラスはそれぞれ異なるリズムをつくり出している）(右下)

　アルヴァ・アアルトの設計した建物は，不整形で複雑な平面形状を持つものが多い。その図面からは「何となく拠り所がなく，落ち着きのない不安なイメージ」を覚えた人も少なくないであろう。しかし，実際に内部空間に入ってみると，その不安感は一掃され，むしろ人間の知覚特性のすべてを加味して設計したかの如く，人を包み込んでしまう。彼の作品のもつ魅力は，やはり実際に訪れてみてはじめて理解することができる。支配的な中心性やヒエラルキーをもたないが故に，空間は自己主張しない。これが人に優しい空間となる根拠のようにも思える。

　このヴォクセンニスカ教会は，彼の作品の中でも，最も表現的で感覚的なものの一つである。特に光の扱い方により，われわれの心の奥底にある神秘的な感覚を引き出すことに成功している。外観的には巨大な三匹の甲虫が折り重なったような連鎖の形式をとるが，視覚的な変化を与える以上に，内部空間では抱擁された時の触覚に似た感覚さえ与える。内部空間のディテールに目をやると，深呼吸している人間の胸骨のようである。比較的単純で，直線的な入口付近とは対照的に，コンクリートの可塑的

な性質を巧みに生かしたその内部空間は，側面入口からアプローチする訪問者に劇的な感動を与える。

多くの天窓が建物の至るところに設置されており，その形や大きさが様々であることには驚嘆する。光が空間に与える効果について，これほど執拗に技法を凝らした建築家はそれほど多くない。明快でありながら手が込んだ光のコントロールは，比類のないほど巧妙である。高窓と隠された天窓から降り注ぐ光は，相互に戯れながら白くうねった壁面を流れるように落ちてくる。祭壇と身廊の傾斜した壁面に舞い降りた光は，われわれの心に神秘的な感覚を呼び起こす。

外部からの空気は，緩衝地帯を経て流動的に内部へ誘い込まれる。こうした空間構成を「呼吸する空間」と形容する人もいる。煉瓦に似た赤色のタイルと木の椅子は，神聖な空間に暖かみを与えている。また，三つのヴォリュームの隙間には，引込み式の可動間仕切りが収められている。音響上の目的と同時に実用性を高めるため，大きな身廊は三組の小さな空間に分割することができる。

溢れるばかりの豊かな内部空間は，重厚な白い彫刻のようであり，空間の合理性という実用上の根拠をはるかに超越している。　　　　　　　　　　（大佛俊泰）

東側外観（黒い金属屋根にはそれぞれ形の異なる高窓が設けられている）

ヴォクセンニスカ教会　［Vuoksenniska］

所在地：イマトラ（フィンランドの東部）
年代：1955〜1958年
用途：教会
規模：800席
設計者：アルヴァ・アアルト

南側外観（黒い金属屋根と白いコンクリート壁は周囲の白樺の森林と調和している）

エクセターアカデミー図書館

書庫を一望できる内包されたヴォイド

ホール

キャンパスより全体を見る。正面はエントランス(左上)／エントランスからホールへ上がる階段(右上)／ホールからは書架が一望できる。(左下)／ドーナッツに対して,書架は浮いているように見える。(右下)

　エクセターアカデミー図書館は，負担する荷重の軽減にともなって上階のフレームが細くなっていくレンガ壁の外観，木製のキャレルを抱えるフラットアーチ，光に満ちた中央ホールによって特徴づけられるルイス・カーンの優れた作品である。

　エクセターでカーンは「図書館という施設がなかった昔，本と人間の出会いはどのようなものだったか，またそれはどのような体験か？」という「物事の起源」を構想の出発点にしており，6年の設計期間のなかで最終的にたどり着くのが，コンクリートのホール，書架，レンガの読書室の3つによって全体を構成するこの図書館となる。

　そっけない入口のドアを開けて内部に入り，円形の階段を登ると，トップライトから自然光が降り注ぐ大きな吹抜けの中央ホールである。大切な書物を支えるために構造の合理性から選択したコンクリート架構に開けられた大きなドーナッツからは，幾層にも並ぶ本棚が一望できる。収蔵されたすべての書物が歓迎して出迎えてくれるかのようだ。このホールは，書物と人の出会いが見事に演出されている。

　さらに本を選ぶため各階の書棚を巡っているうちに，ホールを横切る人や来館した人が見えたり，吹抜けの反対側で書物を探す知人を見つけたりすることになる。ホールはコンクリートの書架に囲まれた単なる入口のヴォイドであるが，この図書館の空間を統合しながら一体感を生み出すのに一役買っている。

　光を避けるように配置された書架を通り抜け，窓側に出てくると，分厚いレンガ造

の壁に囲まれた閲覧スペースがある。「読書という行為は，あくまでパーソナルな営みであり，本を読む環境とは，メーソンリーのもつ構造の秩序によって生み出される，厚みのある壁に囲まれたほどよい大きさの空間とテクスチャーがふさわしい」とカーンが言うように，窓辺にオーク材で造られた個人用の机（キャレル）が並び，眺めのよい小窓は，開けて外気を取り込むこともできるし，遮光用の引戸まで用意されている。そこでの行為に最もふさわしい空間としつらえのすべてが，構造材料とテクスチャーにまで整えられて演出されている。

エクセターは人間と空間の対話が見事な形で融合し，「人と本の出会い」という行為を暖かく内包する建築となっている。このように，人間のテリトリーにさり気なく対応したアノニマスな空間の質があるからこそ，カーンのつくる建築はいつも見るものにとって廃墟のように静かに，そして力強く存在するのである。

（鈴木信弘）

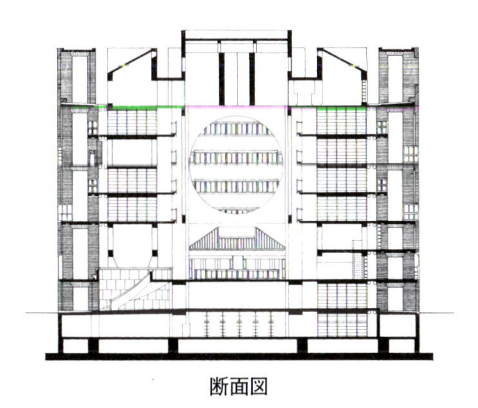

窓辺のキャレルはすべての学生に用意されている。(上)／個人用キャレルのディテール(下)

断面図

エクセターアカデミー図書館
[Library Phillips Exeter Academy]

所在地：アメリカ，ニューハンプシャー，エクセター
建設年代・時代：1967～1972年
用途：私立の名門ハイスクールに付属する中央図書館として建設された。美しい田園風景の広がるキャンパス，ゆるやかな芝生を前庭にして建っている。
設計者：ルイス・カーン（1901-1973）

10．内包／コノテイション　187

テンペリアウキオ
住宅地の真ん中の地下教会

結婚式（コンサートホールとしてもよく使われる）（写真提供：福本佳世）

　バルト海に突き出したヘルシンキの都心から，北西の郊外に向かって伸びるフレデリックス通りを上っていくと，正面に浅い円球状の緑色をした屋根が見えてくる。目指すテンペリアウキオ教会である。ここへは，トーロ湾岸に建つアアルトの名作，フィンランディアから西に急な坂道を登っていくこともできる。教会のある一帯は，高台にある集合住宅地であり，第2次大戦後に開発された地域である。これをさらに北に進むとシベリウス公園があり，音楽家の顔の大きなレリーフに会うことができる。
　丘の横腹に設けられた入口を通り，教会の中に入ると，いかにも独特な空間に出会う。無数の円環をつなぎ合わせたような，赤褐色の銅製の真円の天井。その天井をあたかも空中に浮かんでいるように感じさせる，ドーム下半分をぐるっと取り巻く透明

テンペリアウキオ

掘り出された石で囲まれ，頂部だけを見せるドーム （写真提供：福本佳世）

ドーム天井

10. 内包／コノテイション

氷河期の岩を切り出しただけの，厳しい表情の主祭壇

なガラス面の連続。そして正面と側面の壁に当たる部分は，荒く削りとられた岩盤が黒々と露出している。この三層の構成が，教会の内部空間の印象を決定づけている。さらにその印象は，岩盤の切り肌を巧みに利用して設けられている，主祭壇や祈禱所の繊細なデザインによって，味わい深いものになっている。

岩壁にひっそりと設けられた祈禱所

　上方に向かっては，円形天井がつくる強い求心性が支配しており，その下の明るい帯がそれを強めている。一方，前方に向かっては，主祭壇の慎ましい十字架と，そこに向かって緩やかに下がっていく床面の構成によって，明確な方向性が示されている。上方と前方とのこの明らかな二重性は，教会空間に特有のものであり，それを旧来の教会建築とは異なる方法で実現したといえるだろう。

　この建築は，半分がスカンジナヴィア特有の固い花崗岩を掘り下げた地下に埋め込まれている。ドームになっている地上部についても，あたかも地下にあるかのように，その頂部だけを残して，切石を積み上げた壁で取り囲んであり，建築家の意図が地下教会の実現にあったことを教えてくれる。いうまでもなく，ヨーロッパには多くの古い地下教会があるが，それらがいずれも地下の薄暗さを特徴としているのに対して，テンペリアウキオはあっけらかんとするくらい明るい。明るいけれども，随所に奥深さを感じさせる演出がなされている。　　　　　　　（土肥博至）

テンペリアウキオ ［Temppeli aukio］
所在地：フィンランド，ヘルシンキ，中央駅から西約1km
建築家：ティモ＆トゥオモ・スオマライネン
建設年：1969年
用途：キリスト教会

イスラム住居のパティオ
楽園の小宇宙

10. 内包／コノテイション

「パティオ」とは，中庭のことである。特にスペインの住居の中庭を指す。ここではコルドバのパティオを中心に，イスラム系の中庭がもつ空間の魅力について述べる。

コルドバはスペイン南部の街で，アルハンブラ宮殿で有名なグラナダとともに，スペインにおけるイスラム文化の中心地であった。8世紀半ばから11世紀まで，西方イスラム世界の首都として栄えた街である。

コルドバの街は，地中海周辺地域の特徴である白の集落に属する。比較的低層の建築群と街路空間は，迷路のように入り組んだ複雑な空間構造を形成している。街を歩くと，大きな街路にはオレンジの街路樹があり，白壁に緑とオレンジ色の果実の対比が印象に残る。その光景は，白い抽象的空間とそこに置かれた具象的オブジェのような不思議な街角に見える。

街路空間は一般に閉鎖的で，次第に狭くなった路地に面して住居のパティオがある。パティオに足を踏み入れると，そこは楽園の小宇宙である。白壁には美しい植木鉢に花々が飾られ，水盤には豊かに水が満たされている。床はまるでジュータンのようにモザイク模様のタイルや石が貼られている。水と緑と光と空気，閉じられたヒューマン・スケールの空間に，楽園の雰囲気をもつ独特のミクロコスモスが演出されている。

どのパティオも同じものはなく，住んでいる人の感性や教養等をも感じさせる

通りや街角にあるオレンジの街路樹が印象に残る。(上)
狭い迷路的な路地空間。白壁の向こうにパティオがある。(下)

191頁写真：①古代ローマのアトリウムのイメージをもつパティオもある。／②新しく改装されたパティオ／③小さなパティオを入口から見る。／④アルハンブラ宮殿内の中庭，イスラム住居の最もリッチなパティオの事例。／⑤比較的大きなパティオ／⑥白壁には緑や花が飾られている。

イスラム住居のパティオ

イランの街シラーズにあるキャラバン住居の中庭。イスラム空間の原型が見られる。

ほどに個性的である。この意味で，パティオは住人の街に対する表現の場でもある。このことは，パティオのコンテストが行われるのをみてもわかる。

　パティオは，中庭の原型のひとつである。中庭は，パブリック・スペースである街路や広場とプライベートな個室との中間に位置するコモン・スペースである。したがって，中庭の空間的しつらえは，コモン・スペースを共有する人々の空間的イメージによって変化する。コルドバのパティオには，古代ローマの中庭であるアトリウムのイメージも見られるが，砂漠の文化であるイスラムの楽園・豊かな水と緑に満たされた場所と地中海の白の世界とが融合した空間であり，外部空間ではあるが中心性や庇護性を表徴する「共同の部屋」そのものである。　　　　　　　　　　（福井　通）

南米の中庭にもパティオの影響が見られる。

イスラム住居のパティオ [Isulamic Patios]

イスラム系の中庭には魅力があるものが多い。なかでもスペイン・グラナダのアルハンブラ宮殿やコルドバの中庭は有名。植民地だった南米の外部空間にも影響を与え，素晴らしい中庭が少なくない。

コレギウム・マイウス
思索を誘う中世の中庭空間

中世建築の厳しい調和を感じさせる中庭(上)
中庭を囲む石柱の美しい回廊(下)

中庭中央の井戸

　クラコフは日本における京都のような町で，ポーランドの昔の首都であり，第2次世界大戦の戦禍を奇蹟的に免れ，特にその旧市街は，この規模の大都市の中心部としては珍しく，中世都市の雰囲気を色濃く残している。そうしたことから，1978年にはユネスコの世界文化遺産の第1号として登録され，街並みや建築の保全修復に向けた国際的な援助を受けてきた。市街地の南端にたつ城塞であるヴァヴェルや，中央市場広場の織物会館をはじめとして，狭い市街地内に数十の歴史的建築が残っており，あたかも街全体が建築博物館のような様相を呈している。

　それら数多くの古建築群のなかでも，訪れていつまでも心に残る印象を与えてくれるのが，ここで取り上げるコレギウム・マイウスであろう。この，質素だが重厚な建築は，14世紀後半にクラコフ・アカデミーの建物として建築され，その後，ポーランド最古の大学であるヤギェウォ大学の大学図書館として寄贈された。現在，大学歴史博物館になっているこの建物は，都市や大学に関する多くの歴史的宝物を収蔵している。

　このコレギウムで最も感動的な空間は，その中庭である。中庭に踏み込んだ途端，そこはもう外界から切り離された，大きな声をたてることは無論のこと，ひそひそ話さえはばかられる，静謐に包まれた異次元の空間である。切石が敷き詰められ，真ん中にバロックの井戸のある中庭は，15世紀につくられた，まことに繊細な彫刻の施された石造の柱列のアーケードで囲まれている。アーケード上部は，開放的な回廊になっていて，中庭を眺め下ろすことができ，ますます求心性を強めている。

10. 内包／コノテイション

2階をめぐる開かれた歩廊

　3階建の建築がほぼ正方形の中庭を取り囲んでおり，その煉瓦造の壁面は，微妙な凹凸をもったデザインが施されており，そこに穿たれた窓や入口には細心の配慮が見られる。時代を経た煉瓦の暖かい色彩と相まって，地表面から感じる若干の緊張感を和らげてくれる。

　しかし，この空間に決定的な統一感を与えているのは，急勾配で中庭に向かって落ちてくる屋根の存在である。黒光りのする，うろこ状のスレート瓦が美しいこの屋根は，空と中庭空間とを鮮やかに切り分け，ここに何物にも変えられない独自の世界を出現させているのである。

(土肥博至)

空間を区切る表情豊かな屋根

コレギウム・マイウス [Collegium Maius]

所在地：ポーランド，クラコフ州，クラコフ
建設期：14世紀〜
建設者：大カシミール王
所有者：ヤギェウォ大学
用途：大学歴史博物館

羅城鎮
重なり合う熱気の舟形広場

　これと同じものは世界に此処しかない,と確信させられる空間はそう多くはない。羅城鎮の,一般にその独特の平面形態から「舟形広場」と呼ばれる正街は,まさにそうした場所である。この空間は,この小都市の中心広場であり,近在の人々の生活を賄うマーケットであり,広域的な交通ネットワークの一部をなす街路であり,都市住民の集会所でもある複合的な役割をもっている。こうした複合的な性格が,空間形態の個性的な表情と相まって,広場にえも言われぬ奥行と重層感を与えているのである。

　中国,四川省の山間部,省都の成都から南南西に約200 km,犍為県の県城から東30 kmのところに羅城鎮はある。この鎮(小都市の意)は,明代に南方の広東省のほうから来た人々によって建設されたとされ,舟形の形状は,住民間の強い和睦団結と都市

舟形広場東の入口(中央が戯台)

広場内部の光景（戯台の上から）

外からの攻撃に対する防衛性から生まれたと考えられている。

　舟形広場の全長は約200 m，幅は中央部の広い部分で約20 mと決して広くはない。長手の3分の1ほどのところに，二層の舞台のような建物（戯台 xi tai）が建っており，空間を二分している。だが，この建物の1階部分はピロティになっていて，自由に通り抜けができ，動線は分断されていない。広場の両端部では，両側の建物が鋭角に迫っていて，ほとんど空間を閉じている。

　広場の両側は，2階建の建物が軒を連ねており，屋根は広場に向けて深い庇をつくり出している。庇の先端はきれいに連続して湾曲していて，広場のほぼ半分を覆い，半屋外の全天候型の商店街をつくり出す。端部では，屋根は互いに重なり合って，空を区切っている。広い庇の下は，檐廊（yán Lang）と呼ばれる木製のアーケードになっていて，中央の街路部分より一段高くなっており，空間に変化を生み出す演出が見られる。

　舟形広場に一歩足を踏み入れると，そこに渦巻くエネルギーにまず圧倒される。通り抜けるのも容易ではないほど路上に並べられた商品，その間を埋め尽している周辺の農村からやって来たと思われる買い物客たち，そこここから立ち昇る煙や湯気，檐廊の柱に張られた綱に掛けられたテントや布類，こうした物たちの間を飛び交う人々の声や飲食店から流れてくるさまざまな匂い。それらが，近代化で忘れかけた本当の都市の高まりや興奮を呼び覚ましてくれる。

（土肥博至）

羅城鎮

完全に閉じられる広場の西端部

広場を覆う屋根の連なり（西上方から）

大きな庇下（檐廊）に並ぶ露天商

羅城鎮　[Luó chéng zhéng]

所在地：中国，四川省，犍為県
建設期：明代（14〜17世紀）

10. 内包／コノテイション

空間ボキャブラリー

階段・スロープ
（構成：日色真帆）

表層は，豊かなメッセージの媒体である。建築・都市空間の顔であり，多様な雰囲気を醸し出し，個性や固有性を創り，空間に魅力を与えるものである。
　建築の内部・外部空間を問わず，空間の表面の様相を総称した言葉であり，表層の演出はきわめて多様で多義的である。社会的・時代的背景，風土・地域や文化，さらに技術の進歩も大きく影響する。
　具体的には，空間を形づくる天井・壁・開口・床，そして屋根・ファサードなどの

11
表層／サーフェイス

素材・テクスチャー・色彩・装飾・ディテールなど，さまざまなエレメントによって構成される。さらに形態やスケールをともなって，もっとも直截的に視覚的に人間の五感に訴えかける重要な要素である。
　ここでは，個の空間としての表層を4つ，建築群の集合した表層として，街路空間を3つ取り上げている。個の空間では，建築家の考えが端的に現れてくるものであり，建築家の意図するさまざまな表現や演出の方法を読み取ることができる。一方街路など集合の空間では，都市景観を形成する重要な意味をもち，地域性や文化性を背景に，それぞれの建築のファサードは，少しずつ特徴は異なっているものの，共通のヴォキャブラリーをもって，一体となって連続的に空間の魅力を創出している。　　（積田　洋）

オルタ邸
アール・ヌーヴォーの華飾な空間

トップライトからの光がアール・ヌーヴォーのデザインを華やかに演出する。

オルタ邸

　19世紀末から20世紀初頭にかけて，イギリスにアーツ・アンド・クラフト運動が起こり，ブリュッセルからヨーロッパに流行した芸術様式が，アール・ヌーヴォー（ドイツではユーゲントシュティールと呼ばれる）である。その代表的建築家，V.オルタの自邸がオルタ邸である。現在，オルタ美術館として公開されている。

　世紀末建築を象徴するこの建築は，ブリュッセル近郊サン・ジルの街の中にひっそりと建てられている。ブリュッセル特有の地割りから，よほど注意していないと見過ごしてしまうくらい間口が狭く，小規模な建築である。その外観のスケールからは，内包される装飾豊かなアール・ヌーヴォーの空間を想像できない。自邸の2階バルコニーから3階の出窓を貫く鉄骨の手すりのデザインは，トンボを模している。ファサードに表出するこの鉄細工の曲線のデザインが，アール・ヌーヴォーの建築と感じさせる。

　草木の曲線模様による装飾性はもとより，3階建の平面計画も，中ほどに階段室を置き，街路側と庭園側に部屋を配し，大理石の階段により，レベルを変えるスキップフロアとして巧みに構成されている。

　素材の使い方も，大理石・鉄・ガラス，そして食堂のヴォールトの天井・壁・床に見られるように，部屋全体にタイルを用いるなど，多彩な使い分けにより，曲線のデザインをより潤沢なものとしている。

　内部空間で最も注目されるのが，吹抜けを囲むように造られた，螺旋の階段室の装飾と構成である。いくつもの手すり子は柔らかな曲線で弱々しいほど繊細で，上に向かって弧

アール・ヌーヴォーのデザインが表出するファサード。トンボを模した手すりのデザイン。

左がオルタ自邸，右がアトリエ

11．表層／サーフェイス

タイル張りの2階食堂から庭園を見る。螺旋階段を上部から望む。

を描き，上昇感を与えている。特に最上階の曲線の天井と壁面，さらに吊るされた照明と階段手すりのデザインは，まさにオルタラインと呼ばれるアール・ヌーヴォーの傑作として豊かな演出が見られる。ステンドグラスを用いたトップライトから注がれる柔らかな光の中に階段が浮かぶ光景には，誰もが感銘を受けるほどのインパクトがある。両側の壁に組み込まれた，大きな曲線で囲まれた2つの鏡によって，つる草が絡まったデザインの鉄細工の照明器具と，壁の植物紋様が幾重にも重なり映し出され，あたかも森の中にいるような幻想的な空間を醸し出している。

　昆虫や植物を模した曲線は，家具や調度品のディテールに至るまで入念にデザインされている。アレゴリカルな表現のなかに，モダニズムの機能主義的な空間にはない，人間の感性に直接働きかける，豊饒で暖かな空間の雰囲気が漂っている。

　この階段室の原型であるオルタの代表作，タッセル邸（1893年）もほど近い場所に建てられている。　　　（積田　洋）

オルタ邸 ［Maison et Atelier Horta］

所在地：ブリュッセル，ベルギー
建設年代：1898年
用途：オルタ自邸
設計者：ヴィクトール・オルタ

シュレーダー邸
線と面による明快な三次元空間

プリンス・ヘンドリック通りから見るシュレーダー邸

　シュレーダー邸は，オランダのユトレヒト郊外に位置する。オランダの典型的な煉瓦造の集合住宅が続くプリンス・ヘンドリック通りに面して，煉瓦の街並みが終る一番端に建てられる。その先は，かつては緑豊かな田園風景が広がっていたというが，現在はすぐ前を高速道路が横切る。プリンス・ヘンドリック通りを車で走ると，思わず見逃してしまうほど小さいシュレーダー邸のヴォリュームは，平面が10 m × 7 m，高さ6 mであるが，そこには想像を超えた見応えのある小空間が広がる。

　もともと家具職人であったリートフェルトが初めて手掛けた建築がシュレーダー邸であり，この作品を機にリートフェルトは建築家としても活躍するようになる。以前からのクライアントであり，若くして夫を亡くしたシュレーダー夫人に依頼されて設計した夫人と3人の子供のための住宅であり，1階にリートフェルトの事務所も設置された。家具デザイナーとしての仕事をしていたシュレーダー夫人自身もこの住宅の

11．表層／サーフェイス

設計に積極的に参加したことから，シュレーダー邸は2人の協同による作品であると言え，後にはリートフェルト自身もこの住宅に移り住み，晩年は夫人と一緒に暮らしたという。

この住宅の特徴は，外部・内部ともに，壁面や屋根などの面材と柱や手すりなどの線材を，鮮やかな色（白，黒，グレー，赤，青，黄）で装飾することに

外観は，壁や屋根などの面材と柱や手すりなどの線材が色彩により強調される。

よる色彩の効果と，住まい手の使い勝手や生活場面を細部に至るまで考え抜いてデザインされた内部空間のしつらえであろう。玄関脇の小さなベンチ，階段踊り場を利用した電話コーナー，1階の厨房と2階の食堂をつなぐ小型のエレベーター，空間を広く見せるためのガラスの欄間など，内部に施された細やかな工夫は挙げればきりがない。さらにベッドの大きさやコート掛けと帽子置きの高さは，家族の身長に合わせて

1階に設置されたリートフェルトの書斎。椅子，机，書棚はすべて造付け。この奥にリートフェルトの事務所が続く。(左)／1階の台所・食堂部分。大きな木のテーブルとシンプルな椅子が設置される。(右)（左右写真提供：CENTRAAL MUSEUM UTRECHT）

シュレーダー邸

2階のリビング・ダイニング部分。手前に置かれるのがRED AND BLUE CHAIR。天井には，可動の間仕切り壁のためのレールが取り付けられる。（写真提供：CENTRAAL MUSEUM UTRECHT）

2階LD部分から床が赤く塗られた息子の部屋を見る。右側に置かれるのがリートフェルト作のBERLIN CHAIR。
（写真提供：CENTRAAL MUSEUM UTRECHT）

造られている。

　空間の機能構成も大胆である。1階はリートフェルトの事務所と書斎，台所・食堂・居間・女中室からなる公的な空間，2階は夫人と3人の子供の寝室，そして居間・食堂からなる私的な空間となる。そして2階は，昼間は広々としたワンルーム空間として，夜は可動間仕切りにより4つの部屋（3寝室＋LD）として使用することができる。仕切られた各部屋からは，階段ホールを通じてLD部分やバスルームへのアクセスがそれぞれ可能であり，さらに各部屋にはベランダが付くという配慮が行き届いている。特に2階の居間・食堂部分は，十分な陽当りとその素晴らしい眺望ゆえ，夫人の最もお気に入りの居場所であったという。こうして小さくコンパクトな空間を，時間・目的・状況に合わせて自在に変化させながら，最大限に利用・演出されたこのシュレーダー邸は，まるで家そのものが大きな家具のような印象さえ受ける。　（橋本都子）

シュレーダー邸 [Schröder House]

所在地：オランダ，ユトレヒト
年代：1921〜24年
設計者：ヘリット・トーマス・リートフェルト
用途：シュレーダー夫人と3人の子供のための住宅。この住宅の1階にリートフェルト自身も事務所を構えた。
20世紀の初頭に始まる前衛的な芸術運動「デ・ステイル」の理念に基づいてデザインされた住宅。家具職人としても有名なリートフェルトの作品「レッド＆ブルー・チェア」もこの住宅の2階に展示される。

11．表層／サーフェイス

システィーナ礼拝堂

アレゴリック絵画による装飾空間

システィーナ礼拝堂内部。壁面はすべて装飾で埋め尽くされている。（写真提供：大佛俊泰）

システィーナ礼拝堂は，ローマ・カソリック教会総本山，サン・ピエトロ大聖堂に隣接するヴァチカン美術館の一角にある。ヴァチカン美術館は，ヴァチカン宮殿の大部分を占め，そのコレクションは歴代の法王によって集められた世界有数のものである。システィーナ礼拝堂は建立後，約500年間の現在に至るまで教皇専属の礼拝堂として利用され，新教皇を選出する選挙（コンクラーヴェ）は現在もここで行われる。

　大聖堂前のサン・ピエトロ広場右手の道を城壁に沿ってしばらく行くと，左手にヴァチカン美術館の入口が見える。美しい螺旋階段を上がり館内へと進む。展示物の素晴らしさもさることながら天井，床，壁とあらゆるところに装飾が施され，美術館そのものが美術品といった趣である。

　順路にしたがい，いくつかの部屋を通り，宮殿奥の細い階段を下って扉を抜けると，そこに大空間が広がる。フレスコ画を保護するために照明はおさえられているが，壁といい，天井といい，床といい，目の届く限りの場所はすべて壁画の装飾で埋め尽くされ，輝くばかりである。過剰なまでの装飾であるために，受け取った情報を処理しきれず，目がくらむ。しかし，それでこそ空間の尊厳性を感じる。

　1508年，ミケランジェロはユリウス2世の命により，天井にフレスコ画の手法を用いて「天地創造」の制作を始める。旧約聖書を題材としたこの作品は，祭壇に向かって右側にはキリスト伝，左側にはモーゼ伝を主題としている。天井画は4年後に完成

入口付近の螺旋階段が美しい。（写真提供：大佛俊泰）

するが，その24年後，今度は祭壇正面の壁に「最後の審判」の制作に着手する。2つの作品は一連の作品のように見えるが，その間にはミケランジェロの生涯における長い年月の開きがあり，精神的な変化が作品に現れている。天井画は，まるで神を見上げるかのように下から見上げられる構図で描かれている。円筒形天井には，実際のアーチと連続させて，あらたに建築的な要素が描き出され，立体感を増している。天井にはアーチ状の梁とコーニスが描かれているが，その上に描かれている裸体像の位置が場所によって描かれた建築要素と前後しており，不思議な浮遊感を覚える。若年期の「天地創造」に対して，晩年期の「最後の審判」においては建築的な枠組が取り払われ，自由な構図で描かれている点が，ミケランジェロの作風や心境の変化であり注目に値する。

この空間は旧約聖書を意味するのみではなく，理想とした宗教世界の表明，教皇庁の権威を確立するのに役立ったと考えられる。　　（佐野友紀）

回廊そのものが美術品である。（写真提供：大佛俊泰）

詳細に描かれた建築要素と天井画（写真提供：大佛俊泰）

システィーナ礼拝堂 ［Cappella Sisteina］

所在地：ヴァチカン市国
建設年代：礼拝堂－1481年，フレスコ画－16世紀
用途：礼拝堂
規模：長さ40m，幅13m，高さ20m
設計者・建設者：ユリウス2世の命によりフレスコ画をミケランジェロが制作。

ブリオン・ヴェガ
繊細なディテールがつくる聖なる空間

礼拝堂内部。緻密にデザインされた祭壇

堅固な塀に囲まれたブリオン・ヴェガ(左)／円形の開口ごしにエントランスが見える。(右)

エントランスにある2つの円形の開口をもつ回廊(左)／ブリオン夫妻の墓へと導く水路(右)

　ヴェネツィアから北西に車で1時間ほど，ヴェネト地方の山々が遠望できる田園風景の静寂な空間の中に，ブリオン・ヴェガはひっそりと建てられている。ブリオン家の墓地であり，ブリオン夫妻の墓・礼拝堂，そして水上パビリオンが，L字形の広々とした敷地の中に配されている。カルロ・スカルパの晩年の代表作である。

　日常の空間との境界として，周囲をコンクリートの内側に傾斜した塀が墓所を囲んでいる。墓所の中を進むと，長い打放しコンクリートの壁に，赤と青に縁取られた2つの円形が重なった大きな開口から，芝生の鮮やかな緑が垣間見え，エントランスへと導かれる。円形の開口の形態は，ブリオン・ヴェガのシンボル的なエレメントとして強く印象に残る。この壁が，ブリオン夫妻の墓がある空間と礼拝堂のある空間とを分節している。墓所の空間は，池と水路，そして起伏のある芝生の美しい伸びやかな空間である。その中に，緩やかな円弧のどっしりとした太鼓橋を模した形態の屋根が架けられたブリオン夫妻の墓がある。墓に向かって伸びる水路の先には，山並みを背景に町の教会の塔がアイストップとなり，聖なる空間をドラマチックに演出している。

　一方礼拝堂の空間は，アプローチ空間までもコンクリートでペーブされ，路地の雰囲気をもつ空間として構成されている。円形の開口から礼拝堂の内部に入ると，金色に輝く金属の祭壇が，背後の壁の小窓から差し込む光の中に，劇的に象徴的に置かれ

礼拝堂へのアプローチ空間(左)／礼拝堂(右)

礼拝堂への円形の入口(左)／池に映る礼拝堂。池の中にも"ぎざぎざ"のディテールが(右)

ている。さらに祭壇の上の天井には，トップライトとして，"ぎざぎざ"の階段状の大小2つの四角錐が重なるようにつくられ，神聖さを強調している。障子の桟を模したような開口や"ぎざぎざ"の額縁のあるスリット，床のモザイクタイルにいたるまで，緻密にデザインされ，独特の雰囲気を醸し出している。

礼拝堂の外観にも，この"ぎざぎざ"のディテールが建築のエッジに多用されている。打放しコンクリートの建築の量感を軽減させるデザインであり，彫りの深い陰影を与えている。さらに，礼拝堂を囲む池の縁石や池底の中までも，この"ぎざぎざ"のデザインが施されている。湖底に埋もれた遺跡のような神秘性すら感じさせる。

繊細なディテールとテクスチャーを生かした表現が，まさにスカルパのデザインであり，職人的技巧が豊饒かつ緊張の空間を創り，密度の高い空間が演出されている。

来日中の事故でなくなり，スカルパ自身もこのブリオン・ヴェガの一角，礼拝堂入口近くに葬られている。　（積田 洋）

ブリオン・ヴェガ [Brion Vega]

所在地：イタリア，トレヴィゾ郡，サン・ヴィト村
建設年代：1969～1978年
用途：墓地・礼拝堂
規模：約2,200 m²
設計者：カルロ・スカルパ

11．表層／サーフェイス

ザルツブルグの街並み
統一された看板の美しい街道

ハンドメイドの鍛鉄造の看板が美しい街並みをつくる。

　ザルツブルグ旧市街地は，その名前の由来となったザルツァハ川とホーエンザルツブルグ城のあるメンヒスベルグの丘に挟まれた谷間の小さな街である。またモーツァルトの生家があり，ザルツブルグ音楽祭の開かれる街としても有名な観光地である。
　旧市街地のほぼ中央に位置する，モーツァルトの生家から西に向かう300mほどの小路，デトライデ通りが，歴史的な街並みとして最も美しいたたずまいを残している。小路の正面には，メンヒスベルグの丘の巨大な岩肌がアイストップとなっている。この丘に添うようにつくられた街の中の小路は，周囲を囲む地形によって落ち着きと安らぎを与えている。
　この街並みの景観は，塩の交易を通して財力を得たバロック期の歴代司教が決定的な影響を与えたものであり，現在まで魅力ある歴史的街並みとして保存されている。

デトライデ通りの連続する景観を最も特徴づける点は，何と言ってもさまざまな工夫を凝らしデザインされた鍛鉄造の看板である。

　この小路は，やっと車がすれ違えるほどの数メートルの幅員で，両側には5階ほどの高さの石造建築がびっしりと連続して並んでいる。しかし，街路空間から圧迫感を感じないのは，繊細なディテールの袖看板が醸し出す視覚的な効果が，豊かなリズムを生み，人々にとって心地よい多様性や"ゆらぎ"を演出しているからであろう。

　これらの看板は決して画一的ではなく，それぞれの形や大きさもまちまちであり，きわめて個性的にデザインされている。しかし，日本の都市で見受けられるような看板による乱雑性を感じさせないのは，街並み景観に対する意識の高さと，自らの職業に対する誇りと熱意が，具象的な形として表出されたものと見ることができ，景観に対する意識の差を痛感するのである。

　通りをつなぐ回廊や小さな中庭には光が落ち，人を引きつける植栽やサインが効果的に演出されている。さらにデトライデ通りの北側には，ザルツブルグ音楽祭のメイン会場となる祝祭

モーツァルトの生家のあるザルツブルグのメインストリート「デトライデ通り」(上)／有名なハンバーガーショップM字の看板も，ザルツブルグでは景観を考慮した独自のデザインが目を引く。(下)

劇場がある。その中にメンヒスベルグ丘の岩肌をくり抜いてつくられた砲兵隊の兵舎を1925年に改築し，ホールとして使用されるようになったフェルゼンライトシューレという重厚な独特の雰囲気をもつ劇場がある。

(積田 洋)

ザルツブルグの地名の由来となったザルツァハ川

祝祭劇場の中にあるフェルゼンライトシューレのホール

一歩路地に踏み込むと，植栽に囲まれた美しい小さな中庭に当たる。

ザルツブルグ［Salzburg］

所在地：オーストリア，ザルツブルグ州
建設年代：バロック期の歴代司教が都市景観に大きな影響を与えた。
用途：歴史的街並み景観，貿易・交通の要所として栄えた。

ア・コルーニャの海岸通り
光とガラスのファサード

港の陽光を反射する白いファサード

11. 表層／サーフェイス

ラ・マリナ大通りの街並み(上)／木製の窓枠は傷んでいるところもある。(下)

　ファサードとは，一般的に建築物の正面または正面玄関側の立面を指す言葉であるが，元来のフランス語では，その他に「表向き」や「うわべ」という意味をもつ。ア・コルーニャのラ・マリナ大通りに見られるガラスのファサードは，まさにこの「うわべ」を纏った，つまり表層の建築である。

　ア・コルーニャは，スペインの西端ガリシア地方に位置する港町である。この地方は年間を通じて温暖で雨量が多い。そのため冬は陽の光を取り込み暖かく，夏は風通し良く涼しく過ごすために，ガラスのファサードを纏った建築物が多くつくられたという。通り沿いの5～6階建の建物のファサードは，ガラスと白色の窓枠で統一され，港の鮮やかな陽光を映し出す巨大な反射板である。これらの建築物は躯体とは別に，その壁面の外側にもう一枚ガラスで皮膜をつくっている。窓枠は木造で，白ペンキで塗装されているが，海風を受けて傷んでいる部分もある（近年はステンレス製のものもあるという）。

　近年のガラス建築といえば，ガラス面積の確保が重要視されたデザインが多い。数多くの現代ガラス建築を見慣れている私たちが，このア・コルーニャで新鮮な感動を得ることができるのは，その細かな窓割りのデザインによるところが大きい。窓枠のデザインは，遠くから見ると細かな彫刻が施されているかのようである。これらの建築物ができはじめたという18世紀から，現在までに何度も改修されてきたであろうファサードが，未だにかつてのデザインを踏襲し，現代も街の顔として生きている。

マリア・ピタ広場。各階ともファサードデザインが統一され、最上階だけが前面に突出している。
（左下・右下写真提供：棚橋国年彦）

　マリア・ピタ広場は、この大通りを一歩入った所に位置する。広場名マリア・ピタは16世紀、街を守った勇敢な女性の名に由来している。広場の北側には市庁舎がある。他の3面を囲む建物は5階建で、1階はポルティコ、4階にガラスと白い建具による出窓（というより壁自体が突出している）、そして最上階の壁面は少し後退して、4階の出窓の上にバルコニーが設けられている家もある。広場の縁に白い帯が掛けられているようである。この4階の出窓は、ラ・マリナ大通りのファサードとともに、街のシンボルとして印象付けられる。

　この辺りは「ガラスの街」（Ciudad De Cristal）と称されている。　　　（金子友美）

ア・コルーニャの海岸通り ［Avendi de la Marina/Plaza de María Pita（A Coruña/La Coruña）］

　地名ア・コルーニャは、スペインのガリシア地方での表記、ラ・コルーニャはカスティーリャ語による表記である。大西洋に臨むこの辺りの入り組んだ海岸線は「リアス・アルタス」と呼ばれ、日本語の「リアス式海岸」の語源となった。ラ・マリナ大通りは、バスク人ドン・ファン・デ・シロガとフェルナンデス・デ・ラ・バスティダの二人が計画し、18世紀末に最初の建物が建てられたという。

11. 表層／サーフェイス

トロピカル・デコ
マイアミ海岸のアール・デコ

大西洋に面したオーシャン・ドライブは，3階建のプチホテルが主となっている。

マイアミ海岸

　紺碧の空と海，白い砂と波と入道雲，それに熱帯を思わせる椰子の並木……ニューヨークが吹雪いている2月でも，ここマイアミの海岸ではトップレスで肌を焼いている若い女性たちが大勢見受けられ，遥か沖合には大型の船が行き交っていて，日常的な生活感覚はすっかりどこかへ遠のいてしまうのだ。

　マイアミの市街地から東へビスケイン湾の長い橋を渡って，半島状のマイアミ・ビーチ市の南端に入り，すぐそれを横断すると冒頭の景色が眼前に広がる。

　その大西洋沿いに北上するのがオーシャン・ドライブという大げさな名前のローカルな道であり，その西側に大西洋に向かってアール・デコ風の数十軒の3階建プチホテルが並んでいるのである。予備知識のあまりなかった私にとっては，まさに白昼夢だったのである。

　このトロピカル・デコと呼ばれる建築群は，ニューヨークのクライスラービルを頂点とするアール・デコの影響を受けたものであろうが，ここに1979年に「歴史地区」に指定された1マイル平方

高層のホテル，またはアパートは色彩的である。(左上)／郵便局。公共建築もすべてトロピカル・デコ(左下)／プチホテルは縦と横の線で構成される。(下)

内部では，床には研ぎ出しの模様が用いられていることが多い。黒の使用もやや目立つ。扉には金属の飾りが愛用され，アール・デコの雰囲気を出している。

の範囲だけでなく，本土のマイアミ市にも点在しているようである。これらには，ホテル（オーシャン通りに平行しているコリンズ通り，ワシントン通りには10階を越えるものがかなりあるがスケール感は壊していない）・集合住宅・郵便局などの公共建築など，いろいろな建物が含まれている。建てられた年代は比較的新しく，1930〜40年のものが主流である。感嘆するのは，この街の雰囲気を壊すような別種の建物はまったく見られないことだった。リストアは歴史地区の決定後すぐに始められ，その結果この街と建物群は見事に再生したといってよいと思う。

一軒一軒のプチホテルをのぞいて歩くのは，なかなか楽しいものであったが，われわれの理解しているアール・デコとはずいぶん雰囲気の違うものであった。やや大味で楽観的な気分の濃い，トロピカル・デコと呼ぶに相応しいといってよいのだろうか。

（船越 徹）

トロピカル・デコ [Tropical Deco]

アメリカのフロリダ州，マイアミ・ビーチ市を中心に，アール・デコの流れにある建築群。ホテルを中心に集合住宅や公共建築など，建築種別は多岐にわたっている。1930〜40年に建設されたものが多く，約1マイル平方の範囲が「歴史地区」に指定されている。

人間が営々として築きあげてきた建築や都市は，長い時を経て次第に洗練され，ひとつの様式や形態・秩序をもったものとして成立してきた。しかし，生物界にも見られるように，時に異質なものが突如として出現することがある。建築や都市における突然変異種ともいえる創作物は，通常の目からすると異様であったり奇怪なものであったりする。しかしそれは，単に形態や色彩といった視覚的なものだけが異様なのではなく，それらが生み出された背景そのものが，特異な動機や目的，主義主張など

12 異相／ディフォーム

に根ざしているからにほかならない。
　制作者たちの信念や熱情・情念によってつくり出されたこのような空間は，しかし，だからといって，単に異端として排除されるべきではない。往々にして，人々の常識や建築家の発想をもはるかに超えたものであることもある。理屈や論理を超えて見るものの魂を揺さぶるような根元的な魅力をもち，そこにわれわれが取り残してきたもの，置き去りにしてきたものを見出すこともあり，改めて建築や都市を見つめ直すきっかけとなる可能性をも秘めているからである。

（柳田 武）

スチャバ修道院
外壁を覆いつくす異相の絵物語

ヴォロネッツィ修道院外壁に描かれた「最後の審判」の壁画の一部

　スチャバは，ルーマニアの北東部にある街の名である。14～16世紀にモルダビア王国の首都として栄えた。内部のみならず外壁一面にフレスコ画が描かれた，特異な聖堂をもつ修道院が点在する街として知られている。

　おもなものでもスチェヴィツァ，モルドヴィッツァ，アルボーレ，フモール，ヴォロネッツィ修道院の5つが有名である。ビザンティン様式と地方色が融合した，モルドバ地方特有の様式をもつ建築である。

　これらの修道院が建設された時代のこの地方は，オスマン帝国の支配の脅威にさらされていた。戦勝祈願の意味が込められていたのであろう，戦勝のたびに修道院や聖堂が建立されたと言われている。

　聖堂の外壁に描かれた壁画は，聖書の物語をモチーフにしている。その中に，しばしばオスマン軍との戦いの様子が描かれており，同時代の雰囲気を感じさせる。

　たとえば，モルドヴィツァ修道院では「コンスタンチノープルの包囲」を，フモールの修道院では「最後の審判」のなかで地獄の責め苦にあうトルコ人を描いている。

スチャパ修道院

修道院の側面。どの修道院にも外壁一面に聖書の物語が刺青のように描かれている。

スチェヴィツァ修道院のアプローチ。堅固な城壁か刑務所のような外壁に囲まれた中に聖堂等がある。

スチェヴィツァ修道院の入口より中庭を見る。正面に聖堂の壁画の一部が見える。

　修道院が建つ場所の多くは，集落から外れた環境にある。外側から見ると刑務所のように無機的な境界壁が見えてくる。しかし，出入口となる門をくぐると，そこには別世界の光景が展開する。緑の中庭中央に，特異な形態と異相の絵画で満たされた外壁の聖堂がシンボリックに建っているのである。それは，緑の床に置かれた華麗な絵画が描かれた彫刻建築のようにも見えるし，青緑色基調のおどろおどろしい刺青建築

12．異相／ディフォーム　225

スチェヴィツァ修道院の祭壇側の外壁。ノッポなプロポーション，屋根形態と壁画に特徴がある。

モルドヴィツァ修道院の入口アーチの天井と壁一面に描かれた壁画

のようにも見える。芸術的価値の高い宝石のような建築とも見えるが，絵画の素朴な描法等がかもしだす素人造りの田舎建築のようにも見える。この両義性の中に，この空間の魅力が潜んでいる。

それにしても不思議な形と特異な表層の建築である。平面的には一般的な十字形のプランだが，立体的に立ち上がった姿を見ると，奇妙なプロポーションに見える。ノッポであることもそうだが，庇の長い屋根の形状の特異な形態にも原因があろう。その特異な形態を増幅させるかのように，外壁前面に異相の壁画が描かれているのである。　　　（福井　通）

ヴォロネッツィ修道院の入口側外観。他の修道院と同様に，屋根形態と壁画に特徴がある。

スチャバ修道院　[Suceava Monastery]

所在地：ルーマニア，北東部ブコビナ地方
年代：15〜16世紀
用途：修道院
規模：幅15m，長さ30m程度
建設者：地方の王・大臣・貴族等

カルタジローネの階段
陶器の町の陶器の階段

階段脇の建物はベランダを張り出している。(写真提供：芦川智)

階段脇の陶器を売る店(左上)／階段に貼られたタイル(右上，左下)／タイルは青と緑を基調にしているので，階段全体が青みがかって見える。(右下)(左上・左下写真提供：鶴田佳子)

　カルタジローネの町もこの地域の他の都市同様，少し黄色味がかった石の壁面が続く町並みである。シチリアの明るい陽光の中で，この黄色味を帯びた石から照り返される日差しは，眩しすぎず暗すぎず私たちを包んでくれる。町の中心の市庁舎広場もまた，いくつもの黄色味のある記念建造物に囲まれている。

　その市庁舎の左手に突如，彩色タイルの階段が姿を現す。周囲の空間とはまったく関係なく，タイル張りの蹴上げという特異な装飾をもったこの階段は，サンタ・マリア・デル・モンテ教会（12世紀建立）のある上の町と，下の町を142段でつないでいる。上が教会，下が市庁舎と考えると，宗教空間と市民生活の対比を象徴する空間を想定したいが，この階段はその期待を裏切ってくれる。階段を上り詰めた高台の教会は，右手にそっとその素朴なファサードを見せるにすぎない。そして，この階段を上る観光客も，上の町を期待して階段を上る人は多くはないだろう。階段自体の空間体験のために足を踏み出すのである。

　緑・青・黄の色釉を施したこの町の陶器タイルは，一段ごとに異なる絵柄で階段を上る私たちの目を楽しませてくれる。このタイルは彩色マジョリカ焼で，町は陶器の

町としてその名を知られている。階段の他にも看板やドゥオモの塔など，町のあちらこちらに陶器の装飾を見つけることができる。

　階段の両側には陶芸家の工房が軒を連ね，陶器を売る店が並ぶ。階段途中に腰を下ろしてしばらくたたずむ人や階段で遊ぶ子供たち，観光客にも親しまれている。この階段は，単に上と下の空間を結ぶという機能だけでなく，通りが階段という形態で整備され，人々の憩いの場，コミュニティの場としての機能をもち合わせている。

　形態的には，町の中心部から一気に伸びる直進階段自体が非常に象徴性を感じさせるにもかかわらず，さらにミスマッチとも思えるほど独創的な手法を加えて陶器の町の看板を創り出しているように思われる。

　町の守護聖人聖ジャコモの祭り（7月24日〜25日）には，この階段にイルミネーションがともされるという。人々は祭りのときに，町一番の目抜き通りに飾りを付けるように，町の看板に明りをともすのであろう。　　　　（金子友美）

階段全景(上)(写真提供：棚橋国年彦)／階段の上からの町風景(左下)

カルタジローネの階段
[Scala Santa Maria del Monte (Caltagirone)]

所在地：イタリア，シチリア州カターニア県
建設年代：1606年（1953年に造り直されている）
設計者：ジュゼッペ・ジャカローネ
この地には，先史時代から人が住んでいたことが多数の出土品から証明されてきた。旧市街の一部は，1693年の地震後の再建である。現在は農業，陶芸，観光の町である。

ジャンタル・マンタル
天と交信する彫刻空間

　ジャンタル・マンタルは，インド・ジャイプールのマハラジャ（藩主）にして，かつ偉大な天文学者ジャイ・スィンフ2世（1699～1743）によって各地に建設された天文台をさす。その原型はそれより約3世紀前から始まるが，彼の治世時にデリー他4箇所に建設された。なかでもジャイプールの天文台は，その集大成として最大規模に造営された。

　ジャイプールの市内は，一辺約800ｍの9つの正方形からなり，その中央部に白大理石造の7階建の月光宮殿（チャンドラ・マハル）が建つが，その宮廷内の南の一角にジャンタルマンタルは位置する。マハラジャは宮殿から地続きのこの天文台に日夜足繁く通い，観測に勤しんだのである。隣接する風の宮殿（ハワ・マハル）の最上階から観測所を眺めると，その一画だけがまるで現代彫刻を並べた公園のように特異な世界を確立している。為政者はこの王宮の異界にあって，複雑な装置を駆使しながら天の声を聞き，宇宙の神秘を体得することによって国政や冠婚葬祭を司り，深く人心を掌握したのである。

天文台の俯瞰はまるで彫刻公園。向こうには月光宮殿が見える。

ジャンタル・マンタル

天体の高度を観測するサムラット・ヤントラ。天へ飛び立つ両翼と階段をもつ。

　すなわちジャンタル・マンタルは，王の小さな観測儀を巨大な寸法に拡大して屋外に建設した天体観測所である。

　たとえば，ランバアラヤ・ヤントラ（黄道儀・天球経緯儀）は，星占いで馴染みの黄道12宮の星座を観測するための天体装置で，全部で12基の三角形の階段状観測台が各星座に向かって設置されている。また，横にある高さ27mのサムラット・ヤントラ（赤道儀）は，巨大な鋭角三角形に円弧が直角に組み合わさった天体高度の測定儀で，日時計の役目も果たす。

　他にカパリ・ヤントラ（太陽観測装置）は，大理石でできた櫛状の内部に落ちた影で太陽の方位と高度を測り，ジャイプラカシュ・ヤントラは直径約6m，地中に埋まった半球で，観測者はその中の隙間に入ってメモリを読み，祭事の日時を決定する。ヤントラ・ライは惑星の位置，日月

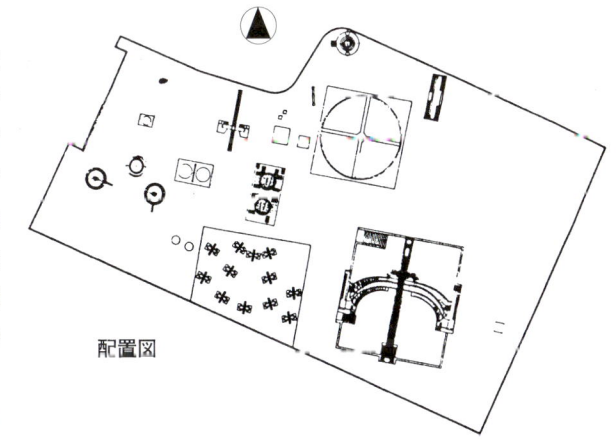

配置図

12. 異相／ディフォーム　　231

インド砂岩板からなる12分割の円筒型太陽観測器械。

食，日出日没，月食を観測する装置である。

　材料はおもにインド砂岩と花崗岩（白黒大理石）を使用している。天文学者は観測にあたって，これらの天を写し込む装置の中に潜ったり，あるいは空高く登って，等身大で太陽・月・惑星・星座を体験するのである。

　ジャンタルマンタルだけでなく，古今東西の宇宙を写し込んだ天の鏡全般にいえることであるが，純粋な天体の追求は究極，円・三角・四角の初等図形に収斂していくのである。
（冨井正憲）

土中に埋め込まれた椀状のジャイプラカシュ・ヤントラ。黒いスリットに人間が入り込み，白大理石の太陽の影を追う。

ジャンタル・マンタル［Jantar Mantar］

国名：インド
所在地：ラージャスターン州ジャイプール
建設者：ジャイ・シング（シン2世）
年代：1728〜1734年

さざえ堂
木造二重螺旋構造の異次元空間

正面入口。向かって左側が昇り口になっている。出口は真裏に位置している。(左)／観音像が祀られた祠を，昇りの時は右手に，下りの時は左手に見ながら木製の斜路をたどっていく。(右)

　これが本当に木造建築か，と思われるほど摩訶不思議な建物である。日本の伝統的な建築はそのほとんどが木造であるが，伊勢神宮や桂離宮に代表されるように，木材の特性を生かした直線的な柱と梁で構成されている。木造建築に対するその常識からはまったく想像もできない，二重螺旋の昇降路を内包した奇想天外な木造建築である。そして，その構造が外観にもそのまま表れ，正六角形の平面をもちながら斜行する格子窓が，三層に積み重なった奇妙な外観を呈している。通常の木造建築には，未だかつて見られないこのような構造は，木造建築の突然変異種といえる。

　その奇観から通称「さざえ堂」と呼ばれるこの建物の内部はさらに奇妙で，正面の入口から時計回りに木製の斜路を昇っていくと，グルグルと上方へ上昇してゆく。そして頂点のところで小さな太鼓橋を渡り，今度は下へ向かう斜路をグルグルと下ってくることになる。斜路はちょうど人の背丈ほどの高さで，頭の上にくる天井部分は，下りの斜路の床板の裏側ということになる。その斜路に沿って，観音像を祀る祠が設けられている。

　このような形式は，「三めぐり堂」あるいは「山匝堂（さんそうどう）」と呼ばれ，江戸時代中期から末期にかけて，関東および東北地方南部において造られた仏堂形式のひとつである。

さざえ堂

昇りの斜路を上がりきった頂上部で木製の太鼓橋を渡り，今度は反対回りの下り斜路をたどる。

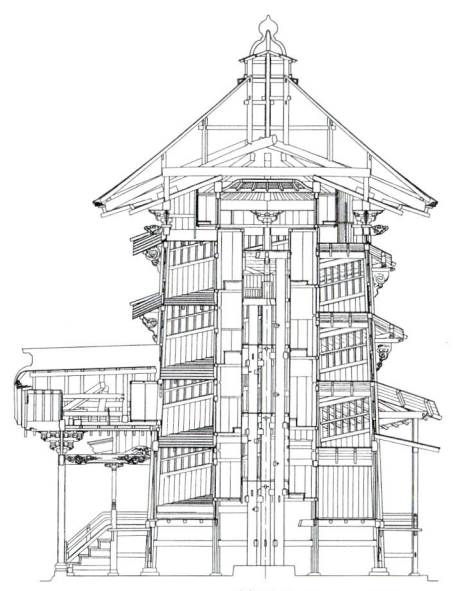

断面図

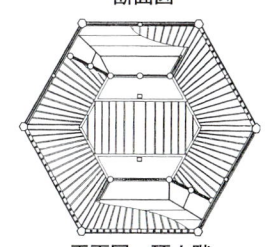

平面図・頂上階

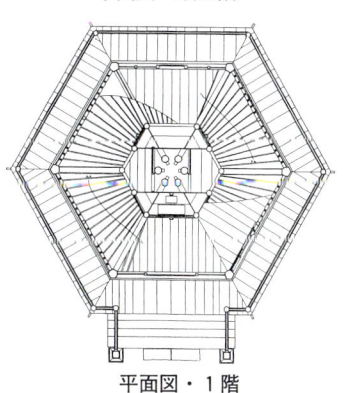

平面図・1階

当時，庶民の間で盛んであった西国巡礼を，実際に現地に赴くことができない者に対して，手軽に礼所巡りができるように，回廊形式の通路に沿って33の観音像を配置し，それをひとめぐりすることで霊場巡りができるようにしたものである。これをさらに平面的にではなく，立体的に昇りの斜路と下りの斜路を組み合わせた二重螺旋構造によって実現しようとした発想には驚くべきものがある。（柳田　武）

旧政宗寺・円通三匝堂（通称，さざえ堂）

所在地：福島県，会津若松
建設年代：江戸時代後期・寛政8年（1796）の建
　立とされる。
用途：観音堂
設計者：建設者：不祥

（日本大学理工学部建築学科建築史研究室）

12．異相／ディフォーム

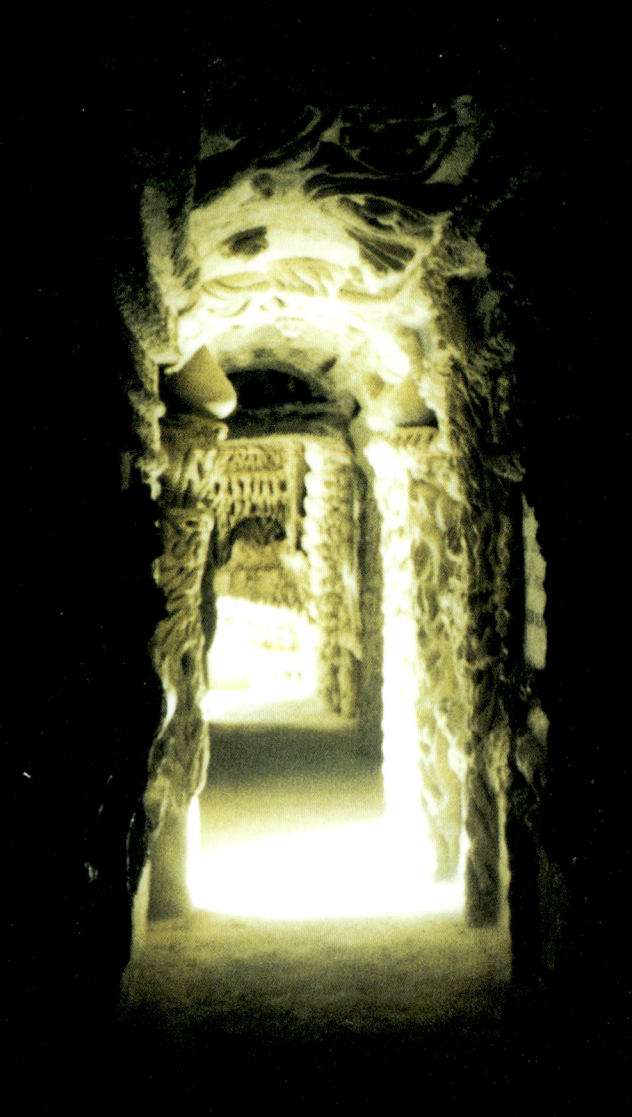

シュヴァルの理想宮
郵便配達夫が創った異形の極致

1階の内部は通路状になっている。地下もあるが入れなかった。

小石をセメントでくっつけて積み上げているが，上のほうはセメントだけで造形されている．

　シュヴァルの理想宮の魅力の第一は，辺鄙なところに所在して行きにくいという点にある．一番近いフランスの人でもついでに寄るというわけにはいかず，意を決してはるばる訪れなければならない．そして，その遠いぶんだけ私たちの日常からかけ離れ，いやがうえにも異境性が高まる．

　はるばる訪れると，そこはフランスの田舎のごく小さな町の一角で，かつてはそうではなかったはずなのに，今は観光地化していて，広場から目的地までの小道の両側には土産屋が並び，俗っぽい光景に出迎えられる．奇怪な建造物の常として，建築専門家からは無視され，そしてそのぶんだけ一般の人々の好奇心を引きつけてやまない．

　はるばる出かけた異境で世俗に出会うことになるのだが，この異境性と世俗性の合体は，一見してがっかりしなくもないのだが，つらつら考えるに意外と人間の本性に根ざした必然的な理想なのかもしれない．日本の古来の巡礼地である琴平とか伊勢とか成田山も，異境性と世俗性の合体という点ではよく似ている．キリスト教最大の巡礼地として知られるスペイン北部のサンチャゴの町も似たような印象であった．

　がしかし，塀に開いた小さな扉を押して敷地内に入り，庭に立つ理想宮を眼前にすると，さっきまでの土産屋の光景は消し飛ぶ．目玉への刺激は強烈．理解しがたい奇怪な物に直面した時の困惑と好奇心が目玉の中で渦巻く．

　この視覚的印象は，さまざまに形容することができるだろう．たとえば，"グロテスク"とか，"幻想的"とか，"極楽のような"とか，"デフォルメ"とか．

　いずれもそのとおりなのだが，さてどうしてそのような視覚的印象が可能になったのかというと，やはり創った本人とその方法に原因がある．

　創ったシュヴァルとは，この地方の郵便配達夫で，あるとき自転車が小石につまず

12．異相／ディフォーム

ちょっとガウディっぽいが，素人ならではのほほえましさがある。

き，その小石に魅せられてしまい，翌日から似たような小石を配達のついでに集めはじめ，それを営々と積み上げて，デフォルメされたアフリカ原住民像やミニチュア化した東方の住宅やらをつくり付け，奇怪な建造物を築き上げた。

小石の呼び声に耳を傾けるような能力をもつ素人が，生涯かけて自力建設した建築なのである。人間がたった一人でどこまでできるか，の証明といっていい。

（藤森照信）

シュヴァルの理想宮
[Le Palais idéal du Facteur Cheval]

所在地：フランス，リヨンより南へ60kmのハンス県オートリヴ町
年代：20世紀初頭
規模：1,000 m^3，2階建，地下室あり
建設者：フェルディナン・シュヴァル

巨大なアフリカ人像の脚の間にいる人物像

ゲーテ・アヌム
情念が生み出した異形の建築

(写真提供：大佛俊泰)

　丘の頂きに，まるで甲羅を背負った巨大なゾウ亀がうずくまっているような異様な構築物が出現する。そして近づくにつれて，のしかかるように迫ってくる一見張りぼてのようにも見える荒削りなコンクリートの塊は，重厚で彫塑的なたたずまいでそびえ立っている。

　わが国においては，建築家としてよりむしろ教育者として知られるルドルフ・シュタイナーは，ドイツの神秘主義的哲学者であり，ゲーテ・アヌムは，彼の造形理論に基づいて，1913年，スイス・バーゼル郊外のこの地，ドルナッハの丘に，神智学の実践の場として建てられたものである。シュタイナーは，その理論的背景を植物の生命力に満ちた成長に求め，ゲーテのいうメタモルフォーゼを基とした。そこでこの建物を自らゲーテ・アヌムと名付けたという。

　当初，木造で造られた第一ゲーテ・アヌムは，1922年の大晦日の夜，放火によって焼失してしまった。1924年，シュタイナー自身の構想のもと，新たな模型が制作され，シュタイナーの死後，1926年同じ場所に現在の第二ゲーテ・アヌムが建てられた。建物の内部も，コンクリートの可塑性を生かした曲線と曲面からなる異様な造形となっている。

　ゲーテ・アヌムを中心に，丘の周辺にはさまざまな芸術の工房が点在し，丘全体が

内部も粘土細工か張りぼてのような彫塑的な造形が特異な雰囲気を醸し出している。(上写真提供:大川三雄,下写真提供:大佛俊泰)

芸術研修の場となっている。

屋根や煙突等にシュタイナー芸術のコンセプトが具現化したそれらの建築群は，どれもが表現主義的形態の特異な形をしており，彼の説く神智学に対する情念が生み出した異形の建築群が，そこに身をおく者に対して何事かを語りかけてくるようである。

（柳田　武）

シュタイナー自身が制作した第二ゲーテ・アヌムの構想模型

敷地周辺には特異な屋根や煙突をもった建物が点在している。（左下・右写真提供：大川三雄）

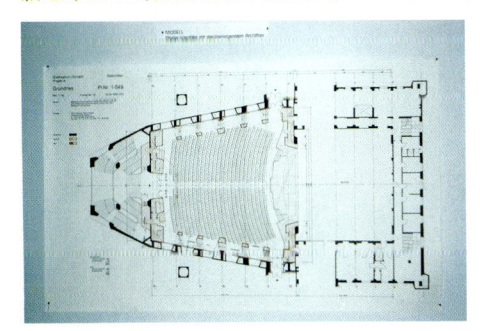

内部に展示されている劇場平面図

ゲーテ・アヌム［Goetheanum］

所在地：スイス，バーゼル郊外・ドルナッハ
建設年代：1924〜1928年
設計者・建設者：ルドルフ・シュタイナー

12．異相／ディフォーム

フンデルトヴァッサーハウス

自然や色彩との饒舌な対話

さまざまな色彩や縁どりを施された壁面(上)／集合住宅入口付近の広場(下)

　オーストリアの首都，芸術と歴史の都ウィーンの旧市街地を，ウィーン川を渡って東に抜け，レーヴェン通りを南東に下って行くと，左手前方に異様な建築が見えてくる。あれは何だ，と思って少し早足になって近づくと，壁からも屋根からも大小さまざまな樹木が生えているのである。外壁も，煉瓦ありタイルあり，ガラス面あり，いろんな色が塗られたモルタル壁ありで，とにかくごちゃ混ぜである。

　この建築は，デザイナーの名前をとって「フンデルトヴァッサーハウス」と呼ばれているが，れっきとしたウィーン市の公営集合住宅である。公営住宅に画家であるフンデルトヴァッサーを起用し，こんな変てこな設計をさせるのも，それに設計者の名前を付けるのも，さすが芸術の町ウィーン，と感心させられる。しかし，実は背後に市の建築家がついていて，住宅としての条件を満たしており，内部は外観ほど変わっているわけではない。

　フンデルトヴァッサーの主張は，すべてのものは自然がそうであるようにあるべきだ，ということで，建築もまた自然がもつ豊かな形態や色彩，季節の表情の変化や多様な要素を備えねばならないことになる。大地が緩やかに湾曲するように，床面も水平ではなく起伏がつけてあり，自然の中で季節感が味わえ

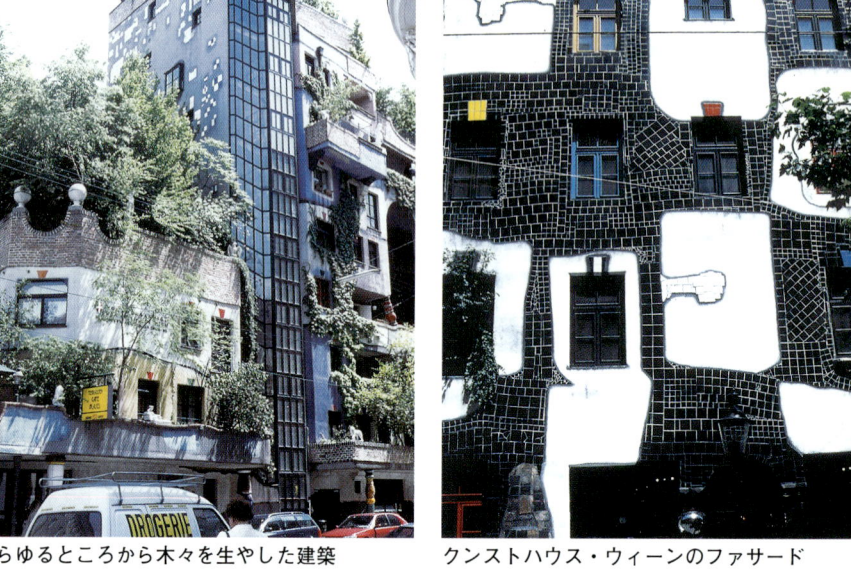

あらゆるところから木々を生やした建築　　　　クンストハウス・ウィーンのファサード

るように，ベランダや屋上には落葉樹を巧みに生やし，太陽の下できらびやかな色彩に出会えるように，外壁は赤，青，黄色といった派手な原色が施されている。

　このように，自然を範にしているとはいうものの，でき上がったものは徹底した人工物，ある種の工芸品のような印象が強烈である。この，目指したものとできたものの間に見られる明らかなズレ，そのギャップがこの建築をいかにも楽しいものにしている理由だと思う。ただ童心に帰れる楽しさだけでなく，おかしさとともにほんのり温かくなるような人間味が感じられ，簡単にキッチュな建築と片づけるわけにはいかなくなるのである。

　この建築のすぐ近くには，同じ設計者が全面的に改装したクンストハウス・ウィーン（ウィーン芸術館）がある。こちらでも，パターン化され，思い切った彩色が施されたファサードや，凹凸するエントランスホールの床面，テーブルや椅子が傾いて置かれている，樹木に覆われた素晴らしい中庭のカフェレストランなど，彼の作品の特徴をよく表している空間に出会うことができる。　　　（土肥博至）

フンデルトヴァッサーハウス
[Hundertwasser Haus]

所在地：オーストリア，ウィーン3区，
　　　　ケーゲル通り，36-38
建設年：1988年
建設者：ウィーン市
設計者：フンデルトヴァッサー，1928年〜
用途：公営集合住宅
構造：RC造5〜7階建

[引用文献]

ハギア・ソフィア大聖堂
p.7 （ハギア・ソフィア大聖堂平面図）：R. Krautheimer "Early Christian and Byzantine Architecture" Yale University Press, 1986

天壇
p.10（配地図）：アンリ・ステアリン著，鈴木博之訳『図集 世界の建築 下』鹿島出版会，1979，p.320，北京の天壇

ドゥカーレ広場
p.13（広場平面図）：加藤晃規『南欧の広場』プロセス アーキテクチュア，1990，p.82，右上図

ストックホルム市立図書館
p.15（図）："Stockholm City Library 1998" Stockholms stadsbibliotek, 1998, Main floor Drawing (1928)

ポンテ・ヴェッキオ
p.53（下写真）："ITARIA ARTISTICA-FIRENZE" IL TURISMO, 1997, p.102, IL CORRIDOIO VASARIANO

グローブ座
p.65（写真）："The official opening of Shakespeare's Globe June 12th 1997 in the presence of Her Majesty the Queen and His Royal Highness Prince Philip" THE INTERNATIONAL SHAKESPEARE GLOBE CENTRE LTD
p.67（写真）：パンフレット "FRIENDS OF SHAKESPEARE'S GLOBE" より
p.67（図）：パンフレット "SHAKESPEARE'S GLOBE 1000 CLUB" より

スタウアヘッド
p.90（図）：Charles W. Moor・William J. Mitchell・William Turnbull, Jr "The POETICS of GARDENS" The MIT Press, 1995, p.138, Overview

グム百貨店
p.129（地上階平面図）：Johamm Friedrich Geist "Arcades The History of a Buiding Type" The MIT Press, 1985, p.404, Moscow, New Trade Halls (GUM), 1888-1893, ground floor plan

索 引

この索引は，各項目の執筆者に，演出的視点で記述対象である空間の魅力を読み取るうえで重要となるキーワードを，各項目5～7語抽出いただいたものを整理した。したがって，対象空間がもつ固有の特徴を表現した用語が集められている。

ア ── オ

アーケード	128
アーツ・アンド・クラフト	203
アール・デコ	221
アール・ヌーヴォー	203
アイストップ	10, 60, 108, 212, 214
赤	68
ア・コルーニャの海岸通り	217
アッシジ	121
アプローチ	212
アプローチ空間	22, 77, 108
アラベスク	68
アリーナ型	181
アルヴァ・アアルト	183
アルマグロのマヨール広場	43
家船	169
生垣	92
異次元の空間	195
石畳	159
イスラム住居のパティオ	191
異相の壁画	226
市場	164
一体感	67, 186
異様な構築物	239
イルミネーション	36
岩壁	28
陰影	213
陰影のリズム	59
インスタント	35
インタラクティブ	98
ヴァザーリの回廊	54
ヴィラ・デステ	77
ヴェルサイユ宮殿	2
ヴェンヴェヌート・チェッリーニの胸像	54
ヴォイド	186
ヴォールト	125
ヴォクセンニスカ教会	182
宇宙に溶け込む感覚	63
運河	3, 114
雲南省	82
永遠性	108
エクセターアカデミー図書館	185
エクセドラ	7
エル・グレコ	148
遠近法	109
円形	65
演劇空間	65
円筒形	14
オアシス	125
王祇祭	63
王宮の異界	230
王宮広場	118
凹凸する床面	244
奥行	197
オルタ邸	202
音楽のもつ空間性	179

カ ── コ

階段	75, 168, 228
階段空間	26
外部空間	168
外壁	224
解放感	167
開放的な回廊	195
回廊	42, 50, 54, 106
回廊形式	235
画一的	215
崖地	141
下降のシークエンス	103
カシャーンのバザール	124
春日神社	63
風	105
合掌造り	172
可動間仕切り	184

壁	60
上賀茂神社	21
過密	131
カラーコーディネート	47
ガラス	218
ガラス天窓	128
ガラス面の連続	190
カルタジローネの階段	227
感覚	89
監獄	138
貫通	9
看板	33, 215, 229
幾何学的	2, 14
季節の表情の変化	243
期待感	21
基壇	60, 133, 168
キッチュな建築	244
祈禱所	190
キト旧市街地	85
吉備津神社	49
逆遠近法	108
キャンベラ	94
旧閑谷学校	160
宮殿	2
驚異	79
教会	87, 183
境界	108, 212
教会空間	190
胸像	54
共同の部屋	193
曲線	178, 203
居住橋	52
漁村	150
近代建築の五原則	30
緊張	213
緊張感	21
杭上家屋	169
空間体験	228
空間の質	187
空気	192
グッケンハイム美術館	55
熊野神社長床	154
グム百貨店	127
クラスター	49
グラバー園	105
グランプラス	163
クリスマス	37
グリッド	87
クリフパレス	141
グローブ座	65
黒川能	62
グロテスク	237
軍艦島	130
計画性	12
景観	36, 174, 214
携帯	97
形態	92, 243
形態要素	133
ゲーテ・アヌム	239
気配	22
原型的空間	26
喧騒	33, 69
幻想的	237
幻想的な空間	204
建築群	147
建築的装置	147
公営集合住宅	243
交差点	129
構成	60
構成要素	133
高地	86
高低差	123
高密度	33, 148
高揚感	109
小型情報端末機	97
古典	77
コミュニケーション	171
コモン・スペース	193
コリドール	128
コレギウム・マイウス	194
コロニァ・グエル教会	176
コロニアル様式	87
コントラスト	27

サ ── ソ

採光	32
彩色タイル	228

逆勝手の舞	64
さざえ堂	233
左祖右社面朝後市	157
沙漠	125
ザルツブルグの街並み	214
山岳都市	27, 121
三匝堂	234
山村集落	172
シークエンス	23, 79, 89, 110, 112
シーン	78
寺院	118
視覚的	73
視覚的効果	109, 215
闌	161
色彩	19, 21, 27, 46, 68, 206, 243
軸線	2, 9, 11, 95, 110
軸線上	78
自己防衛	29
システィーナ礼拝堂	208
視線	129
自然	88, 243
自然と構築	26
質素	30
詩的空間	19
視点	75
シニョリーア広場	71
四方街	84
島	130, 138, 169
視野	46
借景	92, 113
斜路	56
ジャンタル・マンタル	230
朱色	46
シュヴァルの理想宮	236
修学院離宮	111
宗教	210
宗教的	143
重厚感	42
集合住宅	141
集積	144
重層感	197
修道院建築	138
重力	156
主祭壇	190

シュタイナー	239
シュレーダー邸	205
商業都市	114
上昇感	204
少数民族	82
象徴	10, 18, 108
象徴性	156
象徴的	21, 212
焦点	95, 108
情報ナビゲーション	99
鐘楼	116
植物紋様	204
書物と人の出会い	186
白川郷・五箇山	172
自力建設	238
白	218
素人	238
白の集落	192
真円の天井	188
シンガポール・イルミネーション	36
神聖	213
神聖な空間	21
身体感覚的空間	26
神殿都市	167
神秘的	183
シンボル	212, 219
シンメトリー	2, 78
垂直	19
水平	59
水平性	45
水路	84
スカイライン	51, 93
スキップフロア	203
スケール	22, 143
スタウアヘッド	88
スチャバ修道院	224
ステップウェル	102
ステンドグラス	178
ストックホルム市立図書館	14
スペイン階段	74
スルー諸島	169
聖域	159
世紀末建築	203
聖地	25

聖なる地下	102
石州瓦	46
石造の柱列	195
セットバック	135
瀬戸内海	150
繊細	203
全天候型の商店街	198
尖塔	116
装飾	163, 203, 206, 209, 228
装飾性	108
装置	11
層塔	120
宗廟	157
素材	203
存在感	160

タ——ト

対称	9, 12, 19, 128
ダイナミック	92, 143
対比	21, 25, 29
高窓	184
多義的階段	102
たるみ曲線	51
断崖	144
地下	143
地下教会	190
地形	49, 106, 122, 145, 174
緻密	213
中央広場	87
中心性	148
中世	114
中世都市	195
柱列	42
彫刻	120
彫刻空間	230
彫刻噴水	11
彫塑的	239
眺望	75, 89, 105
長方形	163
チョーク	118
直達音	180
直方体	14
知覧の街並み	91

鎮	197
妻入り	47
デ・ステイル	207
庭園	2, 77, 88
ティカル	166
ディテール	45, 204, 213
出来事	70, 163
テクスチャー	161, 213
デフォルメ	237
寺町	152
田園	212
天円地方	159
転換	66
天井画	209
天壇	8
天と応答する領域	167
天と交信	230
天と地	19
天と地の隙間	155
天の鏡	231
テンペリアウキオ	188
天窓	184
統一	12, 43
統一感	196
ドゥカーレ広場	11
洞窟住居	144
透視画的効果	73
動線	57
東洋のパルテノン	158
ドーナッツ	186
ドーム	6
通り	29
トーン	47
特異な形態	225
特異な造形	178
特異な表層	226
独立した壁	59
都市の高まりや興奮	198
トップライト	125
鞆の浦	150
当屋の能	63
トレド	147
トロピカル・デコ	220

ナ ── ノ

内部空間 ……………………………… 183, 203
内包 …………………………………… 65, 203
内包感 ………………………………………… 41
中庭 ………………………………………84, 195
中庭の原型 …………………………………193
ナビゲーション ……………………………… 97
二重螺旋構造 ………………………………235
日光東照宮 ……………………………… 108
能舞台 ………………………………………… 63

ハ ── ホ

パースペクティブ ………………………… 10, 92
廃墟 …………………………………… 130, 187
パガンの仏塔群 ……………………………… 18
ハギア・ソフィア大聖堂 ………………………5
パゴダ ………………………………………… 19
パサージュ …………………………………128
狭間 …………………………………………134
橋 ……………………………………………114
バジャオ族 …………………………………169
パシュパティナート …………………………24
場所の起源 …………………………………155
パタン ……………………………………… 118
パティオ ……………………………………191
パノラマ ……………………………………112
パノラマチック ……………………………… 77
場面の転換 ……………………………………21
バルセロナ・パビリオン ………………………58
バロック ………………………………………95
光 ………………………………… 183, 192, 204
光の陰影 ……………………………………103
庇護性 ………………………………………193
ビザンティン建築 ……………………………… 5
ビスタ ………………………………………… 95
ピッティ宮 ………………………………………54
ピティリアーノの山岳都市 ……………………27
人と仏と神との関係 …………………………64
皮膜 …………………………………………218
ヒューマン・スケール ……………………… 174
表出 …………………………………………215
表象 …………………………………………… 10

比翼入母屋造り ………………………………49
広場 ………………………… 68, 72, 75, 163
ファサード …………………………… 43, 218
風景 …………………………………………174
フォルム ……………………………………… 92
吹抜け …………………………………… 56, 203
吹屋 ………………………………………… 46
複合建築 ……………………………………120
袋小路 ………………………………………… 84
武家門 ………………………………………… 92
舞台 …………………………………………… 75
仏教建築物 ……………………………………20
仏塔 …………………………………………… 19
舟形広場 ……………………………………197
浮遊 …………………………………………156
ブリオン・ヴェガ ……………………………211
ブルージュ …………………………………114
フレスコ画 …………………………………224
噴水 …………………………………………… 77
噴水と饗宴 …………………………………… 77
分節 ………………………………… 22, 73, 212
フンデルトヴァッサーハウス ………………242
平行線 ………………………………………108
壁画 …………………………………… 206, 209
壁面線 ………………………………………… 42
別荘 …………………………………………… 77
ベルリン・フィルハーモニー・ザール ……… 179
ベルン旧市街 …………………………………40
変化 …………………………………………… 35
弁柄 …………………………………………… 46
ペンデンティヴ …………………………………7
辺鄙 …………………………………………237
崩壊 …………………………………………131
方向性 ………………………………………… 60
保存 …………………………………………214
墓地 …………………………………………212
ボリューム …………………………………… 92
香港 ………………………………………… 33
ポンテ・ヴェッキオ ……………………………52

マ ── モ

マテーラの洞窟住居 ……………………… 144
窓 ……………………………………………218

マニエリスム	77	リズム感	78
マヤ文化	167	立体格子	103
マラケシュのジャマ・エル・フナ広場	68	量感	213
円	10	両義性	226
マルチメディア・ナビゲーション	97	両端掛り	64
回るシークエンス	112	履歴情報	98
見え隠れ	22	ルイ14世	2
水	192, 212	ルネサンス	72
水辺の空間	26	**麗江古城**	82
緑	192, 212	礼拝堂	209, 212
緑色の窓枠	45	歴史性	65
港町	116, 150	歴史的街並み	214
民家	172	**レスター大学工学部棟**	133
明と暗	30	列柱	51
迷路	125, 148	レンガタイル	133
木造建築	234	連続	45
モザイク	177	連続ヴォールト	125
モン・サン・ミッシェル	138	連続性	48, 93
		路地	139
		露地	84, 152
		露店	33

ヤ——ヨ

躍動感	67, 78
屋台	69
屋根	59, 60
優雅	106
有機的	55
融合	174
ゆらぎ	46, 93, 215
陽光	218
要塞	138
要塞都市	27
陽明門	108

ワ——ン

ワインヤード	180
湾曲	12

A——Z

L形広場	72
mutual spectatorship	181

ラ——ロ

ラウベン	41
楽園の水場	103
羅城鎮	197
螺旋	55
ラ・トゥーレット修道院	30
ランドスケープ	77, 121
ランドスケープ・アーキテクチャー	96
ランドマーク	73, 116
リズム	12, 48, 59, 103, 215

251

空間演出 世界の建築・都市デザイン

2000年11月25日　第1版第1刷発行

編　者	日本建築学会Ⓒ
発行者	関谷　勉
発行所	株式会社井上書院
	東京都千代田区平河町1-8-13　和田ビル
	電話(03) 3261-6227　FAX (03) 3261-6209
	http://www.inoueshoin.co.jp/
	振替　00110-2-100535
装　幀	川畑博昭
印刷所	株式会社オーイ・アート・プリンティング
製本所	誠製本株式会社

Ⓡ〈日本複写権センター委託出版物・特別扱い〉
本書の無断複写は，著作権法上での例外を除き，禁じられています。本書は，日本複写権センターへの特別委託出版物ですので，包括許諾の対称となっていません。本書を複写される場合は，日本複写権センター(03-3401-2485)を通してその都度当社の許諾を得てください。

ISBN4-7530-1735-4 C3052　Printed in Japan

空間体験
世界の建築・都市デザイン

日本建築学会編　A4判・344頁　本体3000円

水，光，街路，広場，塔，シークエンス，再生，虚構などをキーワードに，世界の建築・都市92を厳選し，その空間の魅力を，各執筆者の体験を通して空間論・場所論的視野で記述した。カラー写真を多数盛り込んだビジュアルな構成で，空間の魅力や面白さをあますところなく再現する。研究者や学生の計画・設計の手掛かりとして，またガイドブックとしても活用できる一冊。

●主な収録項目
タージ・マハル／待庵／パンテオン／ヴィラ・アドリアーナ／サンマルコ広場／アルハンブラ宮殿／竜安寺石庭／サグラダ・ファミリア／伊勢神宮／サン・ピエトロ大聖堂／シドニーオペラハウス／落水荘／サントリーニ／姫路白鷺城／ポタラ宮／オルセー美術館／倉敷アイビースクエア／サイバー・スペース／建築・都市空間の見方に影響を与えた人々 他

建築・都市計画のための
空間学事典

日本建築学会編
B6判・320頁　本体価格3500円

建築計画・都市計画に関する重要語約200語を25のテーマに分類してまとめ，空間を理解する上で基礎的な用語から応用的・実態的な用語となるよう配列。用語の解説では，各研究成果を踏まえつつわかりやすく記述した。

建築・都市計画のための
調査・分析方法

日本建築学会編
B5判・256頁　本体価格5000円

建築・都市計画に際し，最も重要な調査方法を分類・整理し，分析方法と関連づけて把握できるように解説した。また，種々の実例を挙げて，調査・分析方法の適用の仕方を理解し，実際的な問題に対応する上で最も役立つ書。

建築・都市計画のための
空間学

日本建築学会編
B5判・176頁　本体価格4500円

対象となる空間を物理的・客観的に受けとめ，一元的に解釈するのではなく，空間の個人的体験の質に根ざした，さまざまな意味をコンテクストとして読み解き，対象空間を相対的に把握するアプローチの手法を紹介する。

建築・都市計画のための
モデル分析の手法

日本建築学会編
B6判・167頁　本体価格5500円

建築・都市計画における最新12の研究テーマをもとに，モデル分析の基礎，建築計画のためのモデル分析，都市計画のためのモデル分析など，モデル分析のさまざまなケースを取り上げ，数々の手法とその応用を紹介する。

＊上記価格には別途消費税が加算されます。